场景创新

INNOVATION IN CONTEXT

SAP与初创企业的
数字化转型联合创新实践

刘 可 编著

初创企业

成熟企业

人民邮电出版社

北京

图书在版编目（CIP）数据

场景创新：SAP与初创企业的数字化转型联合创新实践 / 刘可编著. — 北京：人民邮电出版社，2023.12
ISBN 978-7-115-60970-0

Ⅰ. ①场… Ⅱ. ①刘… Ⅲ. ①企业管理－数字化－研究－中国 Ⅳ. ①F279.23

中国国家版本馆CIP数据核字（2023）第021565号

内 容 提 要

　　本书聚焦企业如何利用新技术（如云计算、大数据、人工智能、物联网、AR/VR 等）加速自身的数字化转型过程。作者以其多年在麦肯锡公司的战略管理经验以及在思爱普（SAP）公司的数字化转型经验为基础，阐述企业面临的挑战，剖析其核心矛盾，并提出创新关键及具体解决方案。全书共 11 章，前 3 章分别从创新的基石、创新的领导者、创新生态建设三方面进行介绍；第 4 章～第 11 章分别围绕农业，制造业，汽车行业，电力及相关行业，零售和消费品行业，医疗服务行业，物流行业，商业地产业和专业服务业的企业面临的挑战，剖析其核心矛盾，并提出创新关键及具体解决方案。

　　本书适合对数字化转型感兴趣的读者，以及从事数字化转型工作的人员参考、学习。

◆ 编　著　刘　可
　　责任编辑　蒋　艳
　　责任印制　王　郁　胡　南
◆ 人民邮电出版社出版发行　　北京市丰台区成寿寺路 11 号
　　邮编　100164　电子邮件　315@ptpress.com.cn
　　网址　https://www.ptpress.com.cn
　　三河市君旺印务有限公司印刷
◆ 开本：720×960　1/16
　　印张：14.5　　　　　　　　2023 年 12 月第 1 版
　　字数：195 千字　　　　　　2024 年 9 月河北第 2 次印刷

定价：69.80 元

读者服务热线：(010)81055410　印装质量热线：(010)81055316
反盗版热线：(010)81055315
广告经营许可证：京东市监广登字 20170147 号

1972年，思爱普（SAP）成立于德国。2022年，SAP迎来"全球五十年，在华三十载"周年庆。SAP植根中国30年，服务了16000多家企业，始终秉持"在中国，为中国"的初心。

仅仅在20多年前，除酒店之外，我国很少有地方接受信用卡结账，现金是主要的付款方式。而在我最近的一次差旅中，我入住的一家酒店已经开始使用机器人提供入住、客房送餐等一系列服务。今天，虽然信用卡在我国仍然没有被广泛使用，但各种移动支付方式，以及数字人民币的出现，已经使中国成为世界向无现金社会转型的领跑者。

我在想，下一次再造访这家酒店的时候，下一代的机器人管家也许不仅能提供基本的入住、客房送餐等服务，而且能为我播报新闻和天气预报，回答我的一些问题，帮我办理结账手续，为我预定去参加晨会的车辆……如果这些都实现了，我肯定不会感到惊讶。

近20年，我一直在中国从事与科技相关的工作。我见证了这块神奇土地上令人惊叹的发展，作为参与者，我与许多中国的SAP客户和合作伙伴围绕创新这个话题进行了不计其数的、广泛而深入的探讨。

我国拥有大批年轻的优秀创业人才，他们利用新一代技术构建起企业未来发展的框架。在过去的几年中，SAP邀请部分优秀初创企业参加 SAP 云大会，并在会上展示它们基于 AI、AR/VR、机器人和其他前沿技术开发的创新解决方案。与这些充满激情的专业人才会面、交谈总会让我感到无比振奋。

2020 年与 2021 年是值得我们每个人铭记的两年。看到 SAP 与这些新一代优秀企业的探索与合作在不断提速，我非常高兴。SAP 将与这些初创企业和"独角兽"企业建立起更多的合作，共同提供覆盖制造业、自动化服务、医疗等多个领域的智能化解决方案。

这些年党和国家推出的一系列方针政策，以及充满活力的人才库已经为企业的蓬勃发展打造了极佳的环境。我对未来充满信心，我坚信 SAP 将与这些创新的企业领跑者携手并进，共同推动我国不断创造前所未有的成就。

黄陈宏　博士
SAP 全球执行副总裁
SAP 大中华区总裁
2022 年 11 月

亲爱的朋友们：

从我在 SAP 推动科技生态建设和中国企业级创新营至今，已经过去整整三年。回顾这一历程，我心存感激。

我十分荣幸能够成为这个数字化转型时代中的一个参与者和推动者。科技在今天以前所未有的速度和方式改变着我们的生活、工作和思考方式。而在未来的十年，这些发展将会以更快、更好的方式改变我们的工作和生活，让我们不停地为之感叹。作为这个时代的一员，我们是幸运的。

我想感谢 SAP 前执行董事傅美黛女士、SAP 大中华区前总裁纪秉盟先生以及 SAP 大中华区前首席运营官陈炜先生对企业级创新营的支持。2018 年，我提出在中国建立企业级创新营，与初创企业展开合作，这在 SAP 还是一个比较新的概念，而他们毫不犹豫地给予了我很大的支持，并将其确定为重点项目之一。我想感谢 SAP 执行董事罗旭凯先生和 SAP 大中华区总裁黄陈宏先生，他们在困难时刻仍然坚定地支持这一项目。他们都是我在 SAP 遇到的最棒的人。能够与他们一同工作，我感到十分荣幸。

我想感谢所有参与企业级创新营的初创企业，特别是这些初创企业的创办人和 CEO。他们与我的团队一起工作，为这些创新场景投入了大量时间和精力，以期能够利用技术和创新为客户创造价值。对我个人来说，与这些业界最优秀的人才们进行交流和讨论是我在企业级创新营中最大的收获。除去业务上的讨论，我还在其中收获了友谊，为未来更广泛、深入的合作奠定了基础。在此，我也想感谢创业邦和它的创办人——我的清华校友南立新女士。她和创业邦构建的网络，将我的团队与众多的初创企业连接在了一起。

我想感谢为 SAP 企业级创新营付出努力的所有核心成员，包括于历濛、张沛、让炜、叶以晨、刘佳和杨倩。没有他们的努力，就不会有今天的成果。

我想感谢我的家人和朋友们。他们中的许多人，在我运营企业级创新营的两年中为我提供了很好的素材和想法。

最后，我想感谢每一位读者。我希望你们喜欢本书中的"故事"，更重要的是，希望这些"故事"能够为你们的工作和生活带来一些新的思考和认识。

思考和创新永无止境。创新的思维将不断碰撞出火花，成就更精彩的"故事"。

刘可

目录

第 1 章
创新的基石

古往今来，创新从未停止其螺旋式上升的脚步。当我们翻开教科书或文献时，给我们留下深刻印象的往往是那些改变人类历史的里程碑事件，从哥伦布发现新大陆到人类首次登月。当我们惊叹于人类的这些巅峰时刻时，却常常会忽略真正推动这些重大事件的是一系列渐进的、不断积累的但不太起眼的"小创新"和"小尝试"。

先行者们开启的一次次小尝试曾显得那样"无足轻重"，甚至有时会被视为"天马行空"。他们的努力常常会以失败告终，只有极少数的先行者能在探索之路上继续前进。先行者们不断探寻，反复试验。他们彼此间智慧的"激荡"，日积月累，最终铸就了那些铭刻于史册的伟大事件，迎来了照亮人类历史的光辉时刻。这里要特别提出的是，在这个过程中，特定的历史背景往往是触发并加速这些看似不起眼的小尝试的关键因素，并使之成为推动历史前进的动力。

如果我们将时钟拨回到 21 世纪初，我们会看到电商业务井喷式增长带来了令亚马逊公司（以下简称亚马逊）也为之头痛的高昂的基础设施费用。服务器和数据中心的使用却给以 Oracle、IBM、EMC 为代表的企业带来了巨大的商机，让它们赚得盆满钵满。但在这不久之后，亚马逊开始率先采用分布式计算以取代单体大型机。分布式计算的创新促使互联网网速提升了上千倍，进而促使移动网络发展，并带来移动设备数量指数级的增长。正是激烈的竞争和一系列的技术突破成就了今天数万亿规模的云计算产业，并不断改变我们工作和生活的方方面面。在这一过程中，亚马逊的市值与 21 世纪初相比也增长了 300 多倍。

纵观历史，技术上的一系列小突破要促成成熟的大变革，可能需要几十年甚至几个世纪，而人类社会发展的需求将最终推动新技术破茧成蝶。技术的众多小突破和人类社会需求的持续增长是人类历史上一切创新的基石。

1.1 驱动变革的新技术

自 18 世纪中叶开始，重大的技术突破推动人类社会相继步入蒸汽时代、电气时代和信息时代。近几十年，随着互联网、高速移动网络、人工智能（Artificial Intelligence，AI）、云计算（Cloud Computing）等颠覆性新技术的出现和迅猛发展，人类正在走向智能时代。这些新技术对人类社会影响的深度、广度和速度，是历史上任何时期都难以企及的。

大家对这些新名词应该早已耳熟能详。下面介绍智能时代的 5 项关键技术——云计算、大数据（Big Data）、AI、物联网（Internet of Things，IoT）、虚拟现实与增强现实（Virtual Reality and Augment Reality，VR/AR）的发展历程、应用现状和未来趋势，以及它们是如何改变我们的生活和行业发展的。

1.1.1 云计算——智能时代经济发展的新引擎

计算能力是智能时代经济发展的新引擎。云计算这个概念最早出现于 21 世纪初，是指一种基于互联网的分布式计算方式。通过这种方式，云计算服务商通过共享的软件与硬件资源，按需求将计算能力、软件服务及信息提供给包含计算机终端在内的各种设备及最终用户。随着云计算技术的不断发展，以及应用的不断丰富，围绕"云"衍生出各种新概念，如根据云的部署方式，衍生出公有云、私有云、混合云、多云等新概念；根据云服务的类别，衍生出基础设施即服务（Infrastructure as a Service，IaaS）、平台即服务（Platform as a Service，PaaS）、软件即服务（Software as a Service，SaaS），以及业务转型即服务（Business Transformation as a Service，BTaaS）等新概念。同时，以这些新概念为基础，一个庞大的"云"生态体系正在逐步形成。在这个体系中，有些企业专注于提供 IaaS，有些企业专注于提供 PaaS 及 SaaS；有些企业面向个人用户，有些企业面向企业用户。在这些云计算企业周围，又发展出一批中小型服务企业。这些云产品、云服务极大地满足了从个体消费者到企业客户的多样化需求，成为推动社会向智能时代发展的新引擎。

云计算的出现极大地提升了企业发展的速度。云计算的特性加快了企业的创新，也为其提供了几乎取之不竭的计算能力。企业对云计算的需求首先体现在基础设施的搭建上。在云时代之前的本地部署时代，企业需要自行购置服务器，对其进行终身维护。在这个过程中，无论是对基础设施的升级、扩充，还是搬迁，都会消耗企业大量的财力和资源，这成为企业发展的障碍。IaaS 的出现使这些问题迎刃而解。IaaS 通过集中部署在数据中心的云服务器，为企业客户提供弹性的计算能力。首先，企业可以大幅减少购买及维护 IT 设施的支出，将资本性支出（Capital Expenditure，CAPEX）转化为运营支出（Operating Expense，OPEX）；其次，企业可以获得巨大的灵活性，即根据自身的需求随时改变计算能力的部署，并对其进行调整；最后，企业可以借助专业 IaaS 厂商的能力，节省部署、配置基础设施所需的大量时间。毫无疑问，IaaS 的采用突破了企业基础设施的瓶颈，实现了一次巨大的飞跃。

云计算构建在 IaaS 之上，其在与每个使用者息息相关的应用软件中发挥着更大的作用。早在二三十年前，人们就已经开始使用类似"云"的应用软件了。20 世纪七八十年代出现的电子邮件（E-mail）就是一个例子：所有电子邮件的使用者都共用部署在服务器上的同一个电子邮件应用程序，并通过它创建、保存和定制各自受到保护的信息。所有接收和发送的信息都被存储于某个公共的空间，邮件接收者和发送者可以通过互联网（在那个年代也可能是局域网）完成信息的调取和交换。可以说 E-mail 从诞生那一刻起就已经具备"云"的性质。今天的企业对应用软件的依赖远远超过当年的 E-mail。其中，应用软件包括企业用于日常运营管理和业务发展的管理软件（如财务管理软件、人力资源管理软件、销售软件等），也包括为迅速应对瞬息万变的市场带来的挑战而开发的业务软件（如客户关系软件、供应商管理软件、市场营销软件等）。对于生产型企业，还包括从设计、计划、生产、物流到运营等的一系列数字化供应链软件。与 E-mail 相比，应用软件的复杂性大大增加，然而从企业的角度来看，它们对这些软件的核心需求并没有发生本质的变化——需要这些软件能够满足业务发展的需求，提升业务发展的效率，也需要这些软件安全、可靠，并且成本可控。

在受益于应用软件的同时，企业也要为维护和使用这些软件产品付出代价。目前，为应对市场的快速变化，各种企业级应用软件升级换代的周期已经从传统 IT 架构时代的 3 到 4 年缩短为一年、半年、一个季度甚至是一个月。若仍采用基于本地部署模式的系统，企业将不得不雇用大量人员来完成系统的维护、调整和升级，但由于雇用的人员未必具有相应的知识和能力，他们很难确保系统使用的软件一直处于最优状态，也无法确保运行在这些软件之上的业务能符合法律法规的最新要求。软件的云解决方案就能够很好地解决这些问题。原厂提供的服务，一方面能为所有企业客户提供相同的升级与维护管理，确保所有用户都能够获得新技术、功能，且业务安全、合规；另一方面，云解决方案仍然支持每个企业客户的个性化需求。受益于原厂的高度专业性以及规模经济效益，原厂提供的服务往往比单个企业提供的服务要强大许多。以个人所得税调整为例，在传统本地部署模式下，企业及分布在各地的分支机构需要对薪资、财务等系统分别进行调整，且需要确保新旧数据的同步。而云化的薪资、财务系统可以帮助企业在云端按照新税法对分布于各地的分支机构的相关系统进行统一调整，并在系统层面确保数据的一致性，确保每一个相关业务流程都得到更新。而这一切都是由有专业知识背景的、经验丰富的软件厂商的工程师来完成的。

软件的云解决方案确保企业客户在未来的发展中始终保持其合规性与竞争力。更重要的是，采用软件的云解决方案还可以将企业客户从管理软件的烦琐工作中解放出来，专注于自身业务的创新和发展。今天，基于云的应用已经在各行业加速落地。例如在制造业，借助能提供近乎实时的数据和分析的云化制造执行系统，管理层可以随时了解生产状态，对生产过程中出现的问题的根本原因进行深入分析，促进生产流程的不断改进，不断提高生产效率和质量。在零售消费品行业，借助电商云解决方案，企业能够在从搜索到销售的所有环节为客户提供服务，简化购物流程。在医疗服务行业，目前已相当普及的网上预约挂号、电子病历、在线查看检查结果等服务都是云计算技术与医疗信息化系统结合的产物。根据国际知名市场研究数据公司 IDC 的预测，到 2025 年，全球云计算市场规模将从 2021 年的 7066 亿美元增长至 1.3 万亿美元，云计算市场即将迎来更加繁荣的发展。在我国，随着企业数字化转型的提速，云计算在各行业的应用场景会更加丰富。在技术层面，云计算与 AI、IoT、大数据等其他新技术的融合将不断深化，由此催生出的新业态、新模式将最终推动整个社会的经济发展迈向全新的高度。

1.1.2 大数据——赋予人类预见未来的能力

数据是智能时代的生产力。谁掌握了数据，谁就掌握了智能时代的竞争优势和先机。通过我们手中的智能手机，以及我们与智能设备的每一次互动，我们每一个人每时每刻都在产生大量的数据。与此同时，我们也是这些海量数据的消费者——从学习、工作、社交、消费、娱乐乃至与远方家人的互动，毫不夸张地说，现代人们生活的大部分场景都离不开数据。从字面上来看，大数据是指传统数据处理方式下，常规计算机数据处理应用软件难以处理的大量、产生迅速、复杂及非结构化的数据。大数据的概念在 20 世纪 80 年代被提出，经过 40 多年的发展，其涵盖的范围不断扩展，其应用场景远远超出了 20 世纪末所能预见的范围。

大数据技术的成功应用有以下 3 个关键点。

1. 有效产生并获取数据

随着 IoT、传感器等技术和设备的广泛使用，数据的捕捉变得更加容易，以前难以用数字技术处理的事务几乎都在这短短十几年间完成了数字化转型。这也导致人类生成和掌握的数据量呈指数级增长。IDC 的调查显示，2020 年全球新生成的数据量已达 64ZB（$1ZB=2^{70}$ B），预计 2025 年将达到 175ZB。不能有效产生及获取这些数据，大数据技术的成功就无从谈起。

2. 寻找数据关联性并发现规律

需要注意的是，人们在生产海量数据的同时，只有很少一部分数据（大约 1/10）被存储下来，而能够产生实际价值的数据就更少了。在获取数据的同时，人们开始思考源源不断涌来的海量数据到底能带给我们什么，并通过不断挖掘大数据和拓展大数据的应用来寻找答案。在这个过程中，许多大数据应用场景被发掘出来。从海量数据中找到数据的关联性，发现其规律，方能挖掘数据的应用价值。下面介绍几个例子。

营销是大数据技术应用的一个典型场景。各大电商平台、品牌商和零售商都试图通过对消费者进行大数据分析，向他们推销更多的产品和服务。这些只是大数据技术应用的一个简单场景。更进一步，大数据技术可以在貌似杂乱无章的"数据海洋"中摸索出规律和线索，并由此洞察未来发展，最终指引我们做出最佳的决策。知名的在线付费视频提供商 Netflix 公司，在分析、对比大量的观众观影习惯数据后，发现了一个有趣的巧合：喜欢看 1990 年电视剧版《纸牌屋》的观众中许多是知名导演戴维·芬彻（David Fincher）的粉丝，同时，他们还是"奥斯卡影帝"凯文·斯佩西（Kevin Spacey）的忠实影迷。Netflix 公司预见，将这些要素整合在一起一定会获得成功，故决定请戴维·芬彻来新拍《纸牌屋》，凯文·斯佩西来主演，最终成就了这部荣获多项大奖的热播电视剧。再举一个例子，也许你听说过营销界非常经典的"啤酒＋尿不湿"的案例。这个案例中，超市经理并不需要知道顾客的个人信息，只是通过对大量销售数据的分析，就发掘出在"奶爸"们来给宝宝购买尿不湿时，会顺便给自己购买几听啤酒的规律。接下来，就可以把尿不湿和啤酒搭配销售，最终提升超市的销售收入。

在营销之外，大数据在工业生产中也发挥着重要的作用，在生产效率的提升和生产质量的提升两个方面表现得尤为典型。以半导体行业为例，它是一个数据高度密集的行业。从集成电路（Integrated Circuit，IC）设计、制造到封测，每一个成品芯片都要经历成百上千道工序，而每一道工序都会产生大量的数据。这些工序和数据往往由不同的专业公司来负责完成。大数据在半导体生产中最重要的应用之一是提升良率。一个百分点的良率提升就可以为一家顶级半导体厂商带来每年超过一亿美元的利润。而上述每一道工序出现的问题都可能影响最后的良率。如何有效整合各工序的数据并对其进行分析，至今仍是半导体行业研究的重点。

大数据技术的应用已经为几乎所有的领域带来了积极的改变。在金融服务领域，银行经过对大量交易数据、客户数据、资产数据、信用数据的多维度分析，可以发现数据背后隐藏的风险，从而提前做出防控。在医药研发领域，科学家们利用大数据不断深化对疾病的认知，实现对临床试验结果快速、准确的评估，由此提升药物研发的效率。在能源领域，越来越多的工业园区开始利用大数据了解园区内的能源供需，并通过对数据的深入分析，不断提升综合能源管理和规划能力。随着大数据技术的日益成熟、技术商业化进程的加速，一种全新的以数据为关键要素的经济形态——数字经济应运而生，它为全球经济的发展注入了新的活力，为人们带来了由数据驱动的全新体验。

3. 优化数据治理和用户体验

没有规矩，不成方圆。新科技的应用也是如此。大数据的广泛应用给政府、企业以及消费者都带来了挑战。前面提到，谁掌握了数据，谁就掌握了智能时代的竞争优势和先机，这仅仅是从商业层面而言的。在国家层面，数据更蕴含着安全、发展及治理方面的含义。包括我国在内的许多国家和地区，近年来都制定了数据治理的相关法律法规。其中，欧盟的《通用数据保护条例》

（General Data Protection Regulation, GDPR）于 2016 年颁布，它为个人争取回了对个人资料和数据的控制权。这一法规不仅规范了欧盟成员国的个人和企业，还规范了欧盟供应商及雇用欧盟成员国的个人作为员工的企业，以及政府机构、非政府组织（Non-Governmental Organization，NGO）的行为。我国也于 2021 年下半年出台了一系列有关数据治理的法律法规，如《中华人民共和国个人信息保护法》《中华人民共和国数据安全法》等。在与国际法律法规接轨的同时，我国更重视数据安全及数据跨境传输的管理。这一系列法律法规的颁布和实施，为大数据应用提供了规范要求。大数据技术的应用在过去 20 多年得到了飞速发展，由于没有法律法规对其进行约束，一些掌握了大量数据的企业对数据的使用逐步超过了合理的范围和情形。因此，这一系列法律法规对现阶段我国企业的大数据技术的规范应用是十分及时和重要的。

如果说大数据相关法律法规是规范管理大数据应用的外因，那么提升用户使用大数据的体验则是企业规范管理大数据应用的内生动力。即使得到用户授权，也必须防止对用户数据的滥用。以大数据营销为例，不以用户体验为先的大数据营销行为，反而会事与愿违。10 多年前，笔者访问了国内的一家互联网公司，对该公司当时已经做得十分深入的大数据使用内部管理机制印象深刻。除了常见的用户画像之外，该公司还仔细研究了用户在各个渠道（包括网站、移动端、邮箱、游戏等）接收和阅读信息的偏好，并根据不同渠道的特点对公司内部的各部门制定了严格的规则。

以法律法规为框架，以市场化来驱动，两者相辅相成，可以确保大数据应用有序发展，不会脱离正轨。

1.1.3 AI——万物智能化的"催化剂"

AI 近年来受到了广泛讨论，成为新科技领域的"宠儿"。AI 这个概念早在 60 多年前就已经被提出。简单来说，AI 是研究和开发能够模拟、延伸和扩展人类智能的理论、方法、技术及应用系统的一门技术学科。自 1956 年在美国达特茅斯学院（Dartmouth College）诞生以来，AI 经历了从兴起到低迷再到蓬勃发展的波浪式发展历程。而最具代表性的里程碑事件莫过于 2017 年 DeepMind 公司制造的 AlphaGo 围棋机器人击败了当时世界排名第一的围棋冠军柯洁，这不仅让人类亲眼见证了 AI 创造的奇迹，更使人们感受到了 AI 在认知、决策能力上正在无限靠近人类。

谈到 AI，人们想到的首先是算法。一般而言，越先进的算法，其带来的 AI 能力越强。一些与 AI 算法相关的词，如机器学习、深度学习、神经网络等也逐渐进入人们的讨论范围。AI 算法在 60 多年的发展中的确发生了重要的演进，但究其根本，许多 AI 算法的核心都是一致或类似的，通常称为"搜索式推理"，即为了找出一个目标一步步进行推导，就如同在一个迷宫中寻找出路。在 AlphaGo 中使用的核心算法为蒙特卡洛树搜索（Monte Cario Tree Search，MCTS），它是建立在深度神经网络技术上的。这种算法面对的主要挑战是算法的复杂度。在围棋中，该算法的复杂度是一个天文数字，这也是 AlphaGo 与多年前以 IBM 深蓝（Deep Blue）为代表的国际象棋 AI 战胜人类国际象棋冠军相比，更加震撼人心的原因之一。人们在 AlphaGo 和其他类似的 AI 上使用了很多技巧，包括让 AI 展开比赛，来减少 AI 做出判断所需要的计算，从而提升效率。

AlphaGo 中使用了 12 层卷积神经网络，其背后依靠的是强大的计算能力。计算能力的提升，对 AI 的能力提升具有决定性的意义。在战胜李世石的 AlphaGo Lee 中，Google（谷歌）团队使用了其自主研发的张量处理器（Tensor Processor Unit，TPU）来取代一般的中央处理器（Central Processing Unit，CPU），而其后的改进型 AlphaGo Zero 对阵 AlphaGo Lee，更是取得了 100∶0 的惊人成绩。可以说，AlphaGo 的突出表现，不仅展现了 Google 在 AI 领域的突破，还体现了 Google 拥有的强大计算能力。今天，通过云计算等技术，人们已经可以用很低的成本获得 60 多年前难以想象的计算能力，而这也是 AI 经过 60 多年的发展，成为如今可用性极高的新技术的原因。

随着 AI 能力的提升，它的使用已经融入我们生活的方方面面。现在当你打通客服电话时，首先接待你的常常是融合了 AI 技术的在线机器人，它们可以为你解答简单的问题。当你在电商平台搜索商品时，即使你输入的关键词不够规范，AI 也能够迅速理解你的意图，在成千上万的商品中找到最可能符合你需求的商品。更进一步，很多电商平台已经推出图片搜索功能，你在街上看到某件心仪的商品，用手机随手一拍，就可以快速匹配出相同或类似的商品。很多企业也开始通过 AI 技术，努力提高灵活性、响应速度、洞察力及生产效率。例如，采用 AI 取代重复性的手工劳动，以解放劳动力，使企业聚焦于高价值的工作。利用机器人流程自动化（Robotic Process Automation，RPA）不仅可以节省劳动力，而且可以在质量监控、防止欺诈乃至医学诊断和研究等特定场景中极大提升识别能力，达到人工难以企及的效果。例如，在制造业，采用基于 AI 的图像识别技术，用上万张产品缺陷图像不断训练、优化算法，最终可代替人工对产品进行高效质检，不断提升良率。在医疗领域，借助大量的影像数据和诊断数据，对基于 AI 的医疗影像识别技术进行训练，使其掌握诊断能力，可以协助医生更加高效、准确地诊断如癌症等疾病，并判断治疗的效果。又如，将经过充分训练的 AI 应用于决策流程，可以帮助企业管理者对决策进行模拟，并对结果进行一定程度的预测，从而做出最优的业务决策。

云计算为 AI 带来了巨大的计算能力，而大数据和 IoT 则为 AI 提供了新的数据来源，这都使 AI 技术在各行各业充分发挥潜力成为可能。仅以企业对 AI 的应用为例，SAP 在 2017 年定义了企业内部的财务流程、生产制造流程、人力资源管理流程、客户关系管理流程、供应链管理流程，以及资产管理流程 6 个方面的上百个 AI 应用场景，并公布了在未来所有标准产品中逐步实现这些 AI 场景的路线图。而在企业之外，AI 在人们生活中的应用更是随处可见。有人大胆地预测，AI 会逐渐演变为一种类似移动网络和云计算一样的资源，每一个人、每一家企业都能够轻易获得的资源，是未来经济大幅增长的重要驱动力。根据多家专业机构的预测，到 2030 年，AI 将助推全球生产总值增长 12% 左右。

同时，使用创新应用 AI，将成为企业打造竞争力的核心。随着各企业纷纷投入 AI 的深化应用，AI 将加速多行业的创新，催生更多的新型业态，为各行业开辟崭新的发展空间。

1.1.4 IoT——构建起万物互联的新世界

IoT 的概念几乎与互联网同时出现，但进入飞速发展的时间相比互联网略迟。IoT 是指配备了传感器、软件和其他技术，能够彼此收发数据的互联物体和设备（即事物）构成的网络。它将信息网络连接和服务的对象从互联网所聚焦的"人"扩展到"物"，推动人类跨入万物互联的新时代。

与互联网的发展历程类似，IoT 的发展也可以分为连接、应用和平台运营 3 个阶段。先回顾一下我国互联网的发展历程：20 世纪 90 年代是我国互联网起步的年代，我国在这 10 年迅速完成了绝大多数地区高速网络的连接；21 世纪的头 10 年则是我国互联网应用爆发的年代，从社交、生产到游戏，基于互联网的应用如雨后春笋般出现；2010 年后，我国互联网进入平台运营发展的年代，从电商平台、出行平台、社交平台到生活娱乐平台，互联网平台成了生活、工作中不可或缺的资源。与互联网不同的是，在 IoT 的发展初期，我国已经处在一个生产力发展水平较高的时代，同时资本市场的力量也使得 IoT 的发展速度远远高于互联网的发展速度。从 21 世纪初开始提倡万物互联，到提出智能家电，再到智能家居、智能小区、智能城市，乃至今天的大型工业设备 IoT 平台、车联网平台，以及从田间到餐桌的食品安全平台，我国 IoT 的高速发展仅用了 10 多年，就达到了互联网经过 30 多年发展达成的水平。

IoT 的发展为产业界带来了以下 3 个重要的变革。

（1）IoT 带来了人们对事物认知的变革。

这一变革涉及生产制造中机器设备运行的状态，物流运输中货物所处的环境，以及与消费者互动的每一个细节。IoT 的出现使人们对几乎所有事物细节的把握成为可能，而这具有极其重要的意义，因为它不仅能够使人们了解发生了什么，还能够使人们通过这些细节和数据去了解其背后的原因。

（2）IoT 带来了运营和控制方式的变革。

IoT 掌握了事物的细节和数据，人们就可以通过更为精细和及时的控制，极大地提升运营能力和效率。本书的案例 18 介绍了通过大量采用无人集装箱卡车来提升繁忙港口的吞吐能力——当自动化设备通过 IoT 交互更多信息的时候，它们的能力将得到跨越式的提升。

（3）IoT 带来的万物互联的概念，将推动产业的变革。

万物互联带来的不仅是连接设备数量或信息数据的激增，它还为产业链上的每一家企业提供了全新的视角，帮助企业站在全产业链的高度改进现有流程和业务，探索新的市场和商业模式，最终重塑产业链，推动行业的深度变革。人们常说的行业云，就是建立在云计算、互联网和 IoT 的基础上的。行业云中最具代表性的是工业 IoT。从某种角度来说，工业 IoT 是行业云在生产制造和运营领域中的深刻体现，工业 IoT 打通了工业产业链上下游涉及的人、数据和设备，建立起互联互通、高效协同的供应链，提升了工业制造的整体智能化水平。通过对 IoT 数据的分析，企业可以不断获得有价值的洞见，从而给生产过程、产品质量、生产效率等方面带来积极的改变。企业则能够通过 IoT 协调从物流到供应链等的一系列重要流程。

- 在农业领域的生产种植环节，利用 IoT 收集的农作物生长环境中的温度、湿度、风速、土壤中各种元素的含量，以及病虫害等实时数据，可以制定更为有效的方案，推动农业的数字化进程。
- 在物流运输行业，利用车联网技术，可以随时查看运输车辆所处位置、货物状况、驾驶员是否存在危险驾驶行为等情况，使整个物流运输过程更加透明、可控。
- 在智慧城市应用场景中，IoT 将城市中遍布的水、电、燃气等计量表连接起来，通过对数据的监测与分析，可确保居民用能安全，提升能源利用效率，减少能源损耗。

IoT 的发展道路上存在着大量的机会和探索空间。首先，在靠近物或数据源头的一侧，随着本地网络、计算、存储及应用一体化的核心能力不断增强，IoT 能够更好地满足越来越多以最小延迟高速处理场景的需求，进一步拓展 IoT 的应用范畴，如自动驾驶、质量检测、预测性维护等。其次，人们尚未厘清或建立 IoT 行业应用的统一标准，而构建起标准化的 IoT 体系将更好地发挥 IoT 技术创造的价值，在这一点上，国家及行业各"龙头"都在进行积极的探索。最后，随着 IoT 设备数量"爆炸式"的增长，以及 IoT 技术在更多行业的普及，IoT 安全也将成为各界关注的重点。

1.1.5 VR/AR——改变人与世界的互动方式

对于 VR/AR 技术，大家应该不会陌生。VR 的概念早在 20 世纪 50 年代就已经被提出，并在各种科幻小说和电影中被大家所熟知，近 10 年 VR 开始通过 VR 眼镜、VR 游戏等方式走进消费市场。AR 于 20 世纪 90 年代被提出，与 VR 相比，AR 更加注重虚拟世界与现实世界的互动。

从字面意义来看，VR/AR 注重对现实的模拟和增强。而从本质来看，VR/AR 的核心目标是极大地提升人类对事物的掌控能力。为了达到这一目标，VR/AR 着眼于对信息的再造和提升——它们利用多媒体、3D 建模、智能交互等技术对文字、图像、视频等信息进行分析、增强和模拟，让人们能够更好地处理这些信息，并做出有效的反馈。其中，VR/AR 的侧重点略有不同，VR 侧重于实现沉浸式的体验，其技术可以广泛应用于虚拟世界或远程操控；AR 则侧重于与使用者所处环境的紧密结合。围绕这两种技术，人们已经充分发挥想象力，对大量可能的使用场景进行了探讨。

一直以来，计算能力和网络传输速度的瓶颈制约着 VR/AR 技术的发展。近年来，随着这两个瓶颈的突破，VR/AR 技术迎来高速发展的机遇。VR/AR 技术正在重塑很多领域和行业现有的业务流程和模式。

消费与娱乐行业是最为我们熟知的 VR/AR 应用场景。以在全球具有代表性的 Steam 游戏分发平台的统计为例，2020 年全球 VR 游戏的营收增长了约 25%，而 VR 游戏用户仅仅占目前全部游戏用户的约 2%，2% 这一数字还在不断高速增长。而任天堂推出的 AR 游戏《精灵宝可梦》（*Pokemon*）仍在不断刷新其全球第二（仅次于同样属于任天堂的"超级玛丽"系列游戏）的销售纪录。

但 VR/AR 的应用场景远远不止消费与娱乐行业。目前，VR/AR 已经在制造业、商业地产、零售、家装家居、文旅、教育及医疗等领域实现了广泛应用。其在工业领域也得到了有益的应用。例如，保时捷技术服务部门的工程师们可以使用 AR 眼镜，在现场将重点操作步骤和方案图呈现在眼前，从而解放他们的双手。同时相关专家可以通过 AR 眼镜远程观察工程师的工作过程，以提供即时的反馈，通过 AR 眼镜可将完成服务所需时间缩短近 40%。空中客车公司使用 VR 技术将数字模型融入生产环境中，使生产线工人能够在生产过程中查看飞机完整的 3D 模型。这可以将原先 3 周的检验周期缩短至 4 天。在医疗领域，AR 技术可以辅助医生解决诊疗过程中遇到的问题，如利用 AR 技术对手术部位进行精确定位等。

前面提到，随着计算能力和网络传输速度的提高，VR/AR 技术将飞快发展。与前述的 4 种技术不同，VR/AR 技术的本质使其可以深入我们生活的方方面面，并将给众多传统行业带来颠覆性的变革，催生各种全新的产业。"元宇宙"就是一个基于 VR/AR 技术（当然还有更多其他新技术）的一个重大应用。据 IDC 等机构统计，预计 2020 年～ 2024 年这 5 年间，全球 VR/AR 产业规模年均增长率约为 54%，其中，VR 产业规模增速约 45%，AR 产业规模增速约 66%。而只要人们的生产、消费活动逐渐向元宇宙这一方向转变，VR/AR 产业规模的增长速度可能将远远超越现在的增速。在 VR/AR 技术为科技创新领域带来无限机遇的同时，其带来的挑战也将随着人们对其应用场景的开拓与创新而出现，并将进一步推动相关技术的发展。

1.1.6　小结

本节讨论了 5 项影响当今和未来的关键技术。这 5 项关键技术在这个时代极具代表性，但它们也只是这个科技蓬勃发展的时代的缩影。除此之外，人类还在新能源、生物科技、太空技术、区块链等方面不断寻求突破。这里要特别指出的是，正如 VR/AR 技术的发展离不开计算能力和网络传输速度的提升，这 5 项技术之间也有着强大且紧密的相互作用，它们的发展是相辅相成的，而不是孤立的。事实上，现在已经有很多融合的概念出现，如人工智能物联网（AIoT），就是 AI 和 IoT 的融合。技术的发展是创新的第一块基石，接下来我们将讨论创新的另一块基石——企业进化的新需求。

1.2　企业进化的新需求

1859 年，查理·达尔文的《物种起源》奠定了生物进化论的基础。生物进化论的核心有两个部分，分别是随机性和适应性。生命的本质没有发生变化：出生、成长、孕育下一代、死亡，但随机出现的新生命，经过千百万年对环境的不断适应，客观上推动了生命的进化。生命的形态变得更高级，对环境的适应乃至驾驭能力都得到了巨大的提升。

自商业社会出现以来，商业的本质也遵循着一个相对稳定的规律，即商业实体通过提供优质的产品和服务获取利润、实现发展。企业是如今商业社会的主要实体。企业的进化由商业环境的演化所推动。企业需要针对市场及客户的需求做出改变，这不仅体现在其提供的产品和服务方面，还包括企业管理和运营模式的改变。在今天飞速发展的中国市场，所有企业，无论是大型国有企业还是初创企业，都面临适应这些改变所带来的挑战。

SAP 是一家企业级软件服务公司，因而有幸参与了近几十年来主要的企业进化过程。通过打造企业级软件，SAP 与全球主要头部企业和创新型企业共同学习，确保企业能够适应这些进化的过程。例如，在20世纪80年代互联网和图形界面还不成熟的时候，SAP就根据企业发展的需要提出了实时业务决策理论，即企业应具有基于实时而非延迟或批次的信息做出决策的能力。实时业务决策理论的影响一直持续到今天。在一些方面，比如高度自动化的生产制造过程中，部分企业已经很好地实现了实时业务决策；在另一些方面，例如物流运输、营销及运营等过程中，部分企业正在接近实时业务决策；而在企业之间的协同乃至跨行业机构之间的协同方面，SAP正在与部分企业通过打造行业云的方式来实现广泛的实时业务决策。新技术的出现和成熟加速了企业进化的进程。20世纪80年代之后出现的图形界面、互联网、内存计算和机器人技术等新技术，加上前面讨论的云计算、大数据、AI、IoT及VR/AR等技术，都为企业的进化提供了更多的工具。

企业家们对新技术的看法并不完全一样。一些企业家对新技术有着极大的热情，他们迫切地希望了解这些新技术，如何能够快速利用这些新技术改进现有的方案，以及他们的同行如何利用这些新技术构建更强的竞争能力。而另一些企业家则相对保守，他们在决定怎么做之前，往往会多问几个为什么，例如为什么要采用这项新技术，为什么是现在，为什么是这项技术，等等。

但当笔者和这些企业家进行较为深入的讨论后，会发现有一点是相同的，那就是企业所关心的并不是技术本身，所有的讨论最终都要回归到企业的本质——如何通过这些技术实现和加速企业的进化，使企业继续通过提供优质的产品和服务获取利润、实现发展，并且要更快、更好、更持续地做到这一点。

本书中的所有案例，都是基于这一企业本质进行讨论的。作为数字技术的推动者，笔者首先要了解企业发展所处的环境，以及企业所面对的问题和挑战，然后要聚焦于解决这些问题和应对这些挑战的方案，最后才是从技术工具箱中挑选适合这些方案的工具。

这样的思路对每一个技术领域的解决方案提供者来说都是一种挑战，因为它要求解决方案提供者抛开自己的产品和自己所擅长的思路，完全站在客户的角度来思考。这时解决方案提供者常常会发现，客户所需要的方案往往未必与自己擅长的领域相关。但只有秉承这样开放的思路和态度，才能真正找到最适合客户的创新解决方案。也许没有一家公司能够独立地提供每一个客户所需要的完善的创新解决方案，但这正是笔者团队要和包括许多初创企业在内的合作伙伴们一起发力的原因。

在接下来的案例中可以看到，身处各行业的企业所面对的挑战和发展机遇有各自不同的特点。在与众多企业、科技业同行、国内外行业分析师、学者，以及相关政府主管机构探讨之后，笔者把我国企业在现阶段所需要的进化能力总结为建立智慧企业内部流程、产业链协同及行业云、合规及可持续发展3个方面。SAP把具备这3个方面进化能力的企业称为智慧企业。

1.2.1　建立智慧企业内部流程

"打铁还需自身硬。"智慧企业所需要具备的第一个方面的进化能力是其自身的智慧企业转型，这也是企业数字化转型的第一步。正如在武侠小说中常常看到的那样，武功高手们首先需要打通经脉，以"真气"运转全身，企业要在数字化时代大展拳脚，也需要首先打通企业的"经脉"，即在企业内部建立各种流程，包括财务、运营、生产制造、人力资源、资产设备、支出开销等方面的流程。在这些"经脉"中流动的资金流、物流、信息流等，就是企业的"真气"。只有当各种流程完全通畅，作为企业"大脑"的决策机构才能了解全局并做出及时、最优的判断，从而调整企业的经营和发展策略。

企业级软件解决方案的本质就是通过软件来定义企业经营发展所需要建立的流程。企业级软件的不同行业版本，用于为不同行业定制这些流程。SAP提出的智慧企业框架定义了智慧企业的3个关键概念。

（1）智慧企业的五大流程。

智慧企业的五大流程包括企业的数字化核心［财务与企业资源计划（Enterprise

Resource Planning，ERP）]、人力资源管理、客户及销售管理、供应链管理，以及支出及开销管理流程。这五大流程构成了智慧企业的基本要素。

（2）智慧企业的商业网络。

商业网络是智慧企业的拓展，包括业务网络、物流网络、资产网络 3 个部分。业务网络——涵盖供应商及分销渠道；物流网络——涵盖海陆空物流、港区内物流，以及厂区及车间内物流等；资产网络——涵盖企业内部的资产管理，也可以包括企业对已经售出或租出的资产的管理，例如汽车和装备制造行业的资产网络。

（3）业务技术平台。

业务技术平台为智慧企业提供了必需的技术基础，例如赋予五大流程和商业网络强大的 AI、内存计算、大数据分析、IoT 等技术能力，以及进一步定制和拓展的能力。

其中，智慧企业的五大流程和商业网络是针对企业自身需求提出的，不局限于企业自身技术能力建设。这个出发点很重要，也是之前提到的回归企业本质的做法。SAP 能够持续在企业级软件行业取得成功的一个主要原因，就在于它始终从企业本身的需求出发，并将 50 多年来与各行业打交道所积累下来的经验纳入新的解决方案。而业务技术平台是实现前两者的手段。技术平台的发展是迅速的，但它必须为企业的五大流程和商业网络服务。能否抓住企业的本质，是一家优秀的科技公司与一家普通的技术公司的重要区别。

当一家企业具备建立智慧企业五大流程及商业网络的能力，它就具备了新型企业发展的基础。接下来，企业就可以着重扩展其在行业中的影响力。

1.2.2　产业链协同及行业云

当今成功的企业在其行业中都不是孤立的。以汽车行业或商业地产业为例，它们带动的产业链规模及价值，都是其本身汽车制造商或商业地产开发商的数倍到数十倍。对新兴产业（如互联网）来说更是如此，成功企业会带动整个行业生态，其自身又进一步形成新的生态，这对整个新兴产业来说起到了重要的推动作用。形成联动多家企业的产业链协同及产业云是企业需要实现的第二个方面的进化。

1.2.1 节介绍了智慧企业的商业网络。它仍然是一种以企业本身为核心发展的业务模式——无论是业务网络、物流网络还是资产网络，都是以中心企业为标准，接受中心企业的流程管理。这些网络是中心企业的拓展——企业发展产业链协同的重要一步，但其还不是真正的产业链协同。

与一个个相对独立的企业商业网络不同，产业链协同是建立在多家企业，甚至是跨行业的多个企业集群的基础上的。在产业链协同中没有中心企业。每一家企业都是产业链协同的参与者，它们共同制定规则，共同拟定流程，并建立共同的数据共享基础。它们之间有强大的互信机制、数据管控机制及解决问题的机制。建立产业链协同的过程可能有政府主管机构的参与，也可能由产业链中有影响力的"领袖企业"牵头，但其宗旨是推动整个产业链的共同发展，而非围绕个别企业的利益而行动。这也是能够吸引更多的企业加入产业链协同的重要原因。

欧洲近年来加快了在这一领域的探索。以德国、法国牵头的 Gaia-X 框架为建立欧洲数据共享及互信做出了努力。其后，欧洲的汽车制造及相关行业开始讨论在 Gaia-X 框架下建立覆盖欧洲主要汽车制造厂商及其主要供应商的产业链协同机制 Catena-X。

我国已经明确提出要加快产业链协同的建设，对于特定行业，也提出了要建设国家级行业云的目标。对我国的企业来说，特别是行业的龙头企业，需要在推动产业链协同及行业云建设中发挥带头作用。对此，企业需要解决如下 5个方面的问题。

（1）数字化平台及基础架构。

建立标准、安全、高效的数字化平台基础设施及技术标准。

（2）数据安全及治理。

这包含两个层面，即保护整个数据平台数据的完整、准确及安全性，使数据不受第三方干扰及入侵，以及对内建立数据共享及应用准则，规范行业云成员对数据的使用。

（3）业务协同及服务。

在数据的基础上，各成员需要建立和开放行业云基本应用，包括新成员加入、支付与结算、供应商管理、物流等一系列基础应用。

（4）生态系统及开发规范。

建立开放的生态系统，支持建立在统一规范上的新应用开发及认证程序。

（5）运营及管治。

由政府主管机构、产业联盟成员委员会依据产业链协同及行业云的根本规范进行日常运营及管治。

以上5个方面涵盖智慧企业为建立和加入产业链协同所必须具备的能力。产业链协同能够对单一企业的运营能力和创新能力进行统筹和放大，从而加强我国各产业的竞争力和创新能力。本书中的许多案例（包括医疗、公共卫生、制造及农业生产等方面的案例），都会从这个方面展开讨论。

1.2.3 合规及可持续发展

合规及可持续发展是智慧企业需要具备的第三个方面的进化能力。

我国在完善相关法律法规方面的努力将对产业及社会的发展产生深远的影响。一方面，这些法律法规高屋建瓴地为产业发展的新局面提供了参照，为企业的发展提供了指引。另一方面，这些法律法规有助于我国市场及企业与国际接轨。据了解，在制定某些重要法律法规时，我国充分考虑了世界其他主要市场（如欧盟）的相关标准。

不可否认的是，自改革开放以来，发展一直是我国企业的主要目标，与发展相比，合规及可持续发展的概念对我国企业来讲还比较新。这些法律法规的出台，适应我国企业数字化转型的战略。这就对企业的发展提出了新的要求。

对我国企业而言，除了在国内市场合规，在海外发展的时候也必须将合规放在重要的位置。企业必须围绕企业所在地的法律法规，建立起相应的流程和监管制度，并将其固化在系统中，使其成为一种规范并严格执行。企业必须考虑的合规内容较多，包括财务税务制度、数据安全及传输要求、个人隐私保护、供应链安全及规范、出口管制，以及各行各业自有的制度等。在每一个国家和地区，这些法律法规的要求各不相同。建立起一套适合全球的合规制度和流程可以帮助企业降低违规风险，但也需要企业本身建立起对全球合规制度的管控能力。一个好消息是，数字经济时代使市场愈发复杂，但也带来了行之有效的工具，能协助企业强化这些能力。

1.2.4　小结

本节讨论了创新的第二块基石——企业进化的新需求。我们总结了企业需要具备的 3 个方面的进化能力，这是数字化经济浪潮下众多行业需求的缩影。具备这 3 个方面的进化能力，能够帮助企业在数字化经济浪潮中建立起有效的竞争优势。

创新的两块基石——驱动变革的新技术和企业进化的新需求，如果能够有效地结合起来，将能够帮助企业迅速培育起所需的能力。但做到这一点并不容易。无论是在过去还是现在，都出现了大量行业巨头未能完成时代所要求的转型，"轰然倒下"的情形。下文将进一步讨论如何克服转型中遇到的困难，由点及面，在风险可控的前提下逐步利用新技术打造企业全新的能力和竞争优势。

第 2 章

创新的领导者

在创新的两块基石中，企业进化的新需求发挥着主导作用。因而，企业也就成了创新的领导者。

面对日新月异的新技术，企业需要准确把握市场中的机会与矛盾，恰到好处地对新技术加以利用，并通过现有内部管理流程与体系的不断创新，逐步转型为适应市场发展的创新型企业，抓住由新需求衍生出的各种新机遇，不断发展壮大。

要做到这一点，企业必须具备敏锐的感知力及创新的执行体系。

2.1　创新型企业的 3N 感知力

今天，我们生活在一个崭新的世界。即便是与 21 世纪初亚马逊开始建立其"数字帝国"之时相比，这个世界也已经发生了翻天覆地的变化。信息和数据爆炸式地增长，信息的传播速度超过历史上任何一个时期，且传播成本几乎为零，令资本市场垂涎的技术正在以更强的力度改变着我们的工作方式，万物数字化使得商机似乎无处不在。尽管几乎每个人都为这一变化兴奋不已，但对企业来说，要想从中抓住发展的机遇，把握创新的脉搏乃至驾驭全局，面对的挑战会因为众多的信息和复杂的变化而比以往任何时候都更大。为此，企业需要进一步提升 3N 感知力，即对新趋势（New Trend）、新技术（New Technology）和新模式（New Model）的感知力。

（1）对新趋势的感知力。

企业通常会因熟悉现有的、相对成熟的流程和场景，而循规蹈矩地展开业务互动。以 E-mail 为例，它是目前较常见的业务沟通方式。尽管我们有时会抱怨 E-mail 制造了太多的麻烦，甚至把重要的事情搞得一团糟，但很少有人愿意采取行动做出改变。这就给那些致力于办公流程再创新、提供协作平台的优秀公司（如 Slack、字节跳动的"飞书"等）创造了发展空间。在笔者看来，这些新的沟通方式将在几年内彻底取代 E-mail。

（2）对新技术的感知力。

今天，通过在线检索，我们能查到数十亿条有关"黑科技"的信息。仅在我国，每年就有超过 900 亿美元的风险投资注入初创企业。这些企业在 AI、5G、IoT、AR/VR、区块链、无人机或 3D 打印等新技术领域做出了非凡的创新。这些新技术能为企业带来什么呢？很多时候，企业的周围并不缺少新技术，与新技术本身相比，更大的难点在于怎样用这些新技术去解决问题，而不是带来更多的问题。我们常常会看到，很多企业对新技术的发展前景寄予了厚望，也为此付出了漫长的等待，抑或是围绕新技术进行了种种尝试，但很多时候事与愿违，它们在与自身发展无关的新技术上走得太远，最终反倒一无所获。

（3）对新模式的感知力。

搜索引擎一开始是一种付费服务，像软件一样被销售。但很快它就成为一种免费服务，费用由广告商支付，这使得搜索引擎摇身一变，成为广告业务几乎不可或缺的媒介，并已经进一步发展成为今天数据业务的引擎。由此我们可以看到，企业的创新还包括对新业务的模式的深入思考、精心设计和充分应用，而这也会进一步推动企业运营模式的改变。

2.2 创新型企业执行体系的 4 个方面

2.1 节介绍的感知力是企业领导创新的重要能力之一，而另一项重要能力，则是企业推动创新的执行体系。众所周知，数码相机的出现使柯达退出了历史舞台。然而，并不广为人知的是，柯达其实是数码相机的发明者。早在 1975 年，柯达就研制出第一台数码相机，并在 20 世纪 90 年代初实现了数码相机的商业化。显然，柯达的衰败并不是因为它缺乏对创新的感知力，而是因为它从未真正"想要"采用这种创新。柯达拥有的庞大的胶卷业务和市场使得它不愿意轻易"转身"。柯达的内部管理机制也使它难以做出决策，摆脱濒临消亡的胶卷业务，拥抱并加速发展数码相机业务。

要想成功推动创新以在市场竞争中保持领先，企业需要在内部构建起包含如下 4 个方面的创新执行体系。

（1）清晰的创新战略。

企业必须从企业的高管开始自上而下地将创新置于各项工作的首位，不断进行前瞻性思考，分析问题，并推动实施。

（2）快速迭代的创新流程。

相较于新技术的研发工作，复杂或不流畅的业务流程往往是创新周期较长的主要原因。企业需要转型以构建包括快速响应市场需求在内的更加敏捷的业务能力。

（3）开放协同的创新平台。

提升企业供应链的弹性，深化产业协作，正在成为企业成功应对商业环境变化的重要挑战。通过建立商业网络，企业将重构与产品供应商、物流服务提供商、资产运营商及资产维护承包商的连接方式，提高业务的透明度和韧性，快速获取、统筹协调所需的全部资源。在这个过程中，基于平台的创新技术将帮助企业简化管理流程，提高内外部协同的能力。

（4）安全与合规的意识与能力。

数字化时代对创新安全性的要求已经提升到了前所未有的高度，企业不仅要制定全面的安全举措，而且要建立信任管控体系，并采用智能化的解决方案，对财务和非财务信息等进行深入分析，指导并不断改进合规工作。我们已经看到，一些企业因在合规方面出现失误，付出了非常高昂的代价，造成了难以挽回的损失。此外，企业还要树立绿色发展的意识，利用数字技术制定旨在减少碳排放的要求，管理"碳足迹"，实现创新业务增长；将创新技术嵌入端到端的业务流程，制定循环经济方案等，从而切实贯彻绿色可持续发展的理念。

多年来，很多企业都在为成为各自领域的创新领军者而奋力拼搏、苦苦探索。它们认识到技术在推动创新中的重要性，并投入大量时间和资源对这些技术的应用进行验证，甚至研发这些技术。有一些企业成功了，但很多企业却在技术探索中迷失了方向，而它们本可以将大部分精力放在对自身业务的改变和创新中。

在过去的数十年中，SAP 致力于通过提升软件应用技术来协助企业进行创新并更好地运营。现在，笔者团队通过在 SAP 创办企业级创新营，进一步推动开放、创新生态的发展，与初创企业和"独角兽"企业合作，帮助企业中的创新领导者以更可控的方式加速推进他们的创新之旅。

第 3 章

创新生态建设

术业有专攻。企业在推动自身业务创新的同时，需要与在各个技术领域具有专业技术能力的企业合作。而这些彼此联系的技术领域中，既包含如 SAP、微软、华为、联想等领军企业，也包含众多初创企业。这些领军企业、初创企业及相关合作伙伴构成了一个创新生态。让这个创新生态与时俱进，更为有效地运作，是笔者在 SAP 思考的一个重要课题。

2018 年，笔者与业界的一些朋友进行了一场很有启发性的讨论。SAP 拥有悠久的创新历史，在推动企业数字化转型的过程中，与我国许多大中型企业建立了战略合作伙伴关系，但是希望可以做得更多，变得更加灵活，为客户提供更多的帮助。

笔者的想法是，SAP 要像关注大企业一样关注小企业。具体而言，就是在与众多小企业的合作过程中，促成许多"小突破"和"小创新"，从而帮助更多的企业实现"大突破"和"大创新"。

这个决定并不像看上去的那样简单。一直以来，SAP 更专注大企业。不可否认，SAP 作为全球企业级软件领域的领导者，的确为各行业的大企业提供了功能、性能和稳定性俱佳的解决方案。

但是，随着技术的发展及技术使用方式的变化，这一切都必须做出改变。一方面，SAP 依然对那些技术上的重大突破充满敬意，例如能够将软件性能提高数千倍，打造"实时企业"的内存计算技术。但另一方面，与众多合作伙伴一起实现许多"小突破"，使它们成为迈向成功的一个个"小"台阶也同样重要，甚至更加重要。

3.1 创新生态的新发展

截至 2018 年年底，中国已有近 3000 家蓬勃发展的初创企业，它们的业务几乎覆盖所有行业。其中不乏众多市值超过 10 亿美元的"独角兽"企业。

2018 年末到 2019 年初，笔者与许多初创企业的 CEO 进行了深入的探讨，进一步验证了自己的设想：将 SAP 的先进技术与初创企业提供的新技术系统性地连接，可以更快、更好地帮助客户创造出更多的价值。以下是讨论中的一些要点。

（1）由点及面的创新解决方案。

许多初创企业凭借非常"炫酷"的技术打造出优质的产品。它们在解决所在领域的特定问题方面是非常优秀的。然而，为了实现业务价值最大化，客户最终需要将这种"点状创新"嵌入整个端到端的业务流程。例如，一家 3D 打印企业只需 5 ～ 7 分钟就可以"测量"并"打印"出一个定制的鞋底，速度是同行的 4 ～ 5 倍。这是一个希望能够为客户定制鞋子的高端制鞋企业梦寐以求的能力。

笔者向这家初创企业的 CEO 建议：除了打印出这个鞋底，这家企业还需要知道这个鞋底应该被装在哪一只鞋子上，对应哪一个订单，配送给哪一位客户。在零售店中搭建数千个测量系统，将它们与订单管理系统相连。客户在店内下单时，订单信息将与测量信息一起被传送到制鞋企业分布在区域中心的生产车间，鞋底在那里被打印出来，并与鞋身组装在一起。订单管理系统再与配送网络相连，让客户当天或第二天就能收到定制的鞋子。这样，一项"炫酷"的技术便成功转变为一种可以为高端制鞋企业或品牌提供更多机会的商业模式。

（2）安全可控的创新过程。

创新也可能意味着颠覆。大多数企业会在推出新业务时先进行试点，即选择部分业务进行改变，然后不断调整。这需要对现有的业务流程和系统进行精细化的重新设计，以便实时掌握创新业务的发展情况，及时得到反馈并基于反馈不断改进创新方案。对任何一家初创企业来说，完成这整个过程都过于耗时、耗力。

为了解决这个问题，往往需要将这个创新试点通过某种方式连接到整个企业现有的运营及数字化管控流程中来。这就是创新与业务流程的整合。"整合"并不是一个新概念，市场上已经有许多企业推出了各式各样的平台或者中台，它们向开发人员开放应用程序接口（Application Program Interface，API），协助他们进行创新与业务流程的整合。然而，许多平台的一个共同问题是，它们大多只能提供工具，而没有内置标准业务流程。开发人员必须从头开始，同时，他们开发的各种"连接器"还必须能够确保流程的完整性和一致性。完成这些事情，对一个想要专精于特定领域的初创企业来说往往是个噩梦。而对企业来说，这也会带来巨大的风险，稍有不慎，就有可能因为创新的失败而影响原有的业务流程。

笔者认为 SAP 能够为这些企业提供一些不同的、有针对性的帮助。除了同样开放的数字平台，SAP 还运行着涵盖企业各种主要业务流程的智能解决方案，很多世界 500 强企业及我国上万家企业采用了其中的方案。这些智能解决方案使 SAP 系统中的创新有能力展开标准化的业务流程整合。由此，企业就可以基于现有流程更好地监控和管理创新试点带来的价值。这将使创新变得更安全、更容易。

3.2 SAP 企业级创新营

笔者认为 SAP 必须寻找一种新的模式来帮助大型企业更轻松地创新，同时帮助初创企业，让它们的创新更容易被大型企业所接受。2019 年初，SAP 企业级创新营成立。迄今，笔者的团队已与 200 多家初创企业合作，以真实的商业挑战为题打造了 100 多个创新场景，并将这些创新带给各行各业的客户。

跨界创造价值是 SAP 企业级创新营的首要目标，笔者与初创企业一起探寻那些能够使数据、流程和创新设计释放出巨大价值的具体场景。

SAP 企业级创新营选择从垂直行业入手。100 多个创新场景涉及农业、工业和服务业三大产业的 20 余个子行业。其中包括当下非常热门的医疗、汽车和零售行业，也包括农业、能源和离散制造业等传统行业。

曾有一些同事问笔者："SAP 本身就是一家技术公司，为什么不根据技术类别（如 AI、IoT、区块链、大数据、AR/VR）来定义创新的类别？"实际上，有一些平台类的技术公司的确是这样做的。但与许多拥有强大 AI 或 IoT 等技术的新兴企业交流后，笔者最终还是决定为 SAP 企业级创新营采用行业的视角，因为这代表了客户的需求。SAP 是一家以客户为先的公司。SAP 通过关注"客户需要怎样的创新"，以及"客户将怎样应用创新"来开启创新之路，而并非围绕新技术，将新技术强加于客户，乃至创造伪需求。SAP 相信这将使创新成果更快地被客户采用，为客户创造出真正的价值。

一个使用计算机绘制动画的艺术家并不需要了解鼠标、新式电子笔或触摸屏背后所采用的技术，他更在乎如何使用这些新技术来更好地作画。同样地，SAP 的客户对 AI 或 IoT 等技术可能很感兴趣，但只有当这些技术转化为能提高他们业绩的实际应用时，他们才真正愿意拥抱这些技术。PayPal 联合创始人彼得·蒂尔（Peter Thiel）曾经说过："客户不会关心任何特定的技术，除非它以更好的方式解决了特定的问题。"

SAP 企业级创新营从行业入手，对行业的每一条价值链进行了深入的调查。笔者审视现有的流程，并反复问自己："一个完美的场景应该是什么样的？"幸运的是，在探寻答案、构建完美场景的过程中，SAP 的合作伙伴——初创企业和"独角兽"企业给予了笔者极大的启发。针对一些具有挑战性的难点，它们已经开发出了优秀的解决方案。SAP 尝试将这些优秀成果与业务流程结合起来，从而不断扩展并实现价值最大化。

SAP 企业级创新营通过创建联合创新方案来展示对完美场景的部分设想，将合作伙伴的新技术与 SAP 智慧企业流程连接来实现这些设想。虽然这些创新是基于 SAP 业务技术平台搭建的，但笔者想强调的是，合作伙伴是创新的核心，它们是这些场景创新的所有者，SAP 只是帮助它们变得更加强大，走得更远。

接下来的几章，将分享 SAP 与初创企业和"独角兽"企业共同打造的面向不同行业的创新实践；将详细描述场景创新的细节，并分享创新背后的思考，如为什么决定启动这些项目，客户面临着哪些挑战，以及对未来的展望等。

第 4 章

农业

农业是我国国民经济的根基。它主要涉及种植和养殖科学与技术。农业起源于几千年前，但直到近百年，随着机械设备、工业化生产和基因遗传学的广泛应用，农业生产效率才得到显著的提升，极大丰富了农产品品种，改善了农产品品质。在农业发展演进的过程中，与之息息相关的环境、社会等因素也呈现出新的变化——全球气候变暖、人口快速增长，以及人们对健康生活的不断追求，这些都对农业的发展提出了全新的挑战。以粮食生产为例，粮食短缺和食品安全已成为全球共同关注的重要课题。2022 年 7 月 11 日，联合国经济与社会事务部人口司发布的《世界人口展望 2022》报告指出，2050 年，全球人口将增至近 97 亿，对粮食的需求将不断增加。同时，据世界卫生组织统计，全球每年约有 6 亿人患食源性疾病。许多国家都已将食品安全问题上升到国家安全战略高度，采用最严谨的标准、最严格的监管来确保居民"舌尖上的安全"。此外，人们也逐步意识到农业生产对环境造成的压力。据联合国环境规划署的相关数据，粮食系统消耗了自然界约 70% 的水资源，其产生的温室气体约占全球人为温室气体排放量的三分之一。在这样的现实背景下，农业必须实现可持续发展，要在满足人们不断提升的食物数量和品质需求的同时，兼顾环境。这就要求我们采用科学化的农业生产和管理方式，加快农业科技创新。近年来，随着科技的日新月异及其在农业领域的加速应用，数字化转型成为化解这些难题，引领农业走向未来的重要推手。

4.1 我国农业的发展现状及面临的挑战

我国是农业大国，我国始终将农业放在发展国民经济的首位。近年来，我国将解决"三农"问题确立为工作的重中之重，目标是农业高质高效、乡村宜居宜业、农民富裕富足。同时，我国出台了一系列政策，大力支持各种新技术在农业领域的应用，并将农业数字化纳入国家发展战略进行统筹部署。尽管农业未来发展的方向已经明确，但要真正实现传统农业的数字化，还有很漫长的路要走，农业数字化转型中还需要解决诸多问题，特别是以下几个突出的问题。

（1）农业生产效率与发达国家还存在一定差距。

目前我国人口已超 14 亿，作为世界最大的发展中国家，我国的耕地面积仅占全球的 7%，却养活了全球约 20% 的人口，创造了举世瞩目的奇迹。但我国的农业劳动力人口在总人口中的占比约为 25%，而农业产值占 GDP 的比例仅为 7%，这与发达国家占全国人口 2% ～ 3% 的农业劳动力创造占 GDP 4% ～ 5% 的农业产值的劳动生产效率水平还存在一定差距。

在影响农业生产效率的诸多因素中，农业生产方式、资源利用方式和管理方式非常重要。中国传统农业以"人"为核心，特别是在生产环节，对田间作物生长过程的管理（如施肥、灌溉、杀虫）、对农资（如肥料、农药等）的使用等依赖人的经验，而且主要靠人来实施。这样的生产和管理方式，不仅限制了农业生产效率的提升，还容易出现人为因素引起的农作物产量的波动。

（2）农业机械化程度有待进一步提升。

农业机械是指在农作物种植业、畜牧业等生产过程中，以及农、畜等产品初加工和处理过程中所使用的各种动力机械和作业机械。我国的农业生产方式已实现了向机械化作业的转变。尤其是近年来，受益于不断推进的土地流转政策及国家购置补贴政策，土地规模化作业逐步形成，农民购买农业机械设备（后文简称农机）的积极性不断提高，这使得我国农业机械化水平显著提高。但对农机构成进行深入分析后会发现，小型拖拉机占比较高，高效的大型农机渗透率及畜牧业的自动化程度还普遍较低，这就限制了农业生产力水平的进一步提升。

（3）农业可持续发展仍面临重重挑战。

农业可持续发展一直是备受全球关注的重要课题。要实现农业的可持续发展，需要对管理、操作等流程进行完善，对环境资源等进行治理。例如，在我国农作物种植中农资的使用仍主要依靠经验。为了增加农作物产量，部分人（或机构）往往会过度使用化肥和农药。化肥、农药的过度及不规范使用造成的有害物质残留不仅会影响农产品的质量，更重要的是会对土壤造成严重损害，导致土壤退化，致使农业生态环境恶化，影响农业的长远发展。

（4）病虫害的防治依然被动。

从农田到畜牧管理，目前病虫害问题仍是我国绝大多数地区面临的主要挑战。病虫害的检测、识别、消除和持续监测是一个非常复杂的过程，需要农业生产者具有丰富的知识和经验。传统农业病虫害防治多是被动式的，很多时候在发现病虫害时，农业生产已蒙受了不小的损失，正常的农业生产活动往往会受到严重的影响。在治理过程中，农药仍然是控制病虫害的主要手段。然而由于缺乏对病虫害严重程度的准确判断，经常会出现两种结果：药量不足，无法消除病虫害；用药过度，造成不必要的农药残留，从而造成农药浪费和对农产品及土壤安全的影响。

（5）食品安全信息的透明度仍有待提高。

食品安全现已受到广泛关注。人们期待购买到安全、可靠的食品，期待能实现从田间到餐桌的完整溯源。但要做到这些绝不是一件简单的事情，每一件农产品在抵达消费者的舌尖之前都要"走"过一条漫长的路，从种植到采收，从加工到存储，从运输到销售，这个过程中的任何一个环节出现问题，都有可能使产品质量大打折扣。尽管相关质检部门提出了越来越高的要求，更多的产品也加上了产地证明，但无论是对于消费者还是食品安全监管机构而言，要获取从田间到餐桌的完整且透明的农产品信息，都仍然面临诸多的挑战。这包括怎样将分散的原产地信息联系起来；怎样管理庞大的食品生产网络、管理日趋复杂的供应链中的各环节信息，并将这些信息打通、同步、整合，从而建立起农产品全过程的完整视图。除此之外，还需要对整合后的信息进行分析，建立起更加智能的农产品质量安全管理体系等。

农业的数字化进程

近年来，随着科技的迅猛发展，在国家政策的大力支持下，我国农业的数字化进程正在稳步推进。作为助推这一进程的重要力量，相当多的新兴科技企业开始利用自己独有的新技术优势涌入这条"赛道"。一些新兴科技企业开始利用IoT设备来捕捉过去难以获取的生产数据，还有一些则利用AI来构建和改进模型以提高生产效率……这些新技术的加入赋予了农业发展全新的景象。

4.2.1　农业产业链关键环节的数字化

农业的数字化已不仅限于田间地头的生产劳作，而是关系到一条从田间通向餐桌的完整的农业产业链，如图4-1所示。各种新技术、新应用已开始在这条产业链的关键环节中逐步落地，这加速了对这些环节的数字化改造，推动了整条产业链的数字化进程。

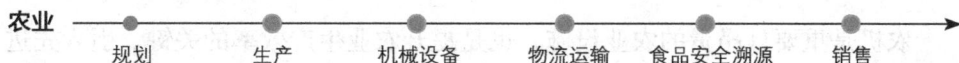

农业　　规划　　生产　　机械设备　　物流运输　　食品安全溯源　　销售

图4-1　农业产业链关键环节

（1）农业规划的数字化。

作为整条产业链的起点，农业规划需要解决的是种（养）什么、在哪里种（养），以及种（养）多少等一系列问题。农业规划是否科学、合理将直接影响到农民的最终收益，也将影响到国家农业战略的实施。其中，精确测算资源和统筹规划的能力至关重要。目前，一些新技术已在农业规划领域崭露头角，例如部分企业已经开始利用无人机等设备采集农田的多维度数据（如土壤墒情、肥力、病虫害情况等），并结合土地过往种植的农作物种类和收益信息等，建立起土地的信息档案。这些信息将有助于农民和农业团体对生产进行合理规划，有效解决种（养）什么、在哪里种（养）及种（养）多少的问题。

（2）农业生产的数字化。

农业生产的数字化集中体现了农业数字化，包含非常丰富的新技术应用场景。如利用红外线温湿度摄像头、无人机等采集各种农业生产数据，实时监测农作物的长势，了解农田周边的环境变化、病虫害、水肥状况等，利用这些实时数据进行分析并建模，对农资进行合理规划，科学制订施肥、灌溉、杀虫等生产活动计划，进而建立起全数字化生产过程的重要基础。观察计划实施效果，并在数据收集和计划制订之间建立数字化反馈机制，让相关系统通过自"学习"拥有预测能力。例如，如果能够借助数字技术，根据气候、田间情况等信息提前预测病虫害的发生，或在病虫害发生时，准确判断病虫害的种类，定位出现病虫害的位置，并对其发展态势进行预估，将实现对病虫害的主动防治，有效降低病虫害对农业生产的影响；同时可合理规划农药使用方案，在确保有效消灭病虫害的同时，最大限度地减少农业污染。

（3）农机使用及运维的数字化。

农机是重要且昂贵的农业设施，也是提升农业生产效率的关键。引入先进的农机，不仅可以显著提升农业生产效率，还能够有效解决农村劳动人口日趋减少带来的问题。要实现现代化农业机械效益的最大化，除了要熟练操作农机，也需要具备先进的管理能力。如果管理不当，农机也可能成为生产过程中的瓶颈。例如，当农机出现故障时，若农机企业无法提供及时的维修服务，排除故障，将直接导致农业生产的中断。如果这种情形出现在农忙季节，将不可避免地影响整体的农业生产计划，给农民带来巨大的经济损失。采用包括基于数据的预测性维护在内的各种数字技术将极大提升农机的可靠性和效率，有效控制成本，为农业生产提供持续的支持。

（4）物流环节的数字化。

农业的物流环节涵盖农产品从生产到加工再到分销的整个生命周期。一方面，采用融合了 IoT、区块链等新技术的供应链系统，可以为最终消费者提供完整、可追溯的农产品信息。另一方面，利用 IoT 技术，物流服务商还可以确保物流环节中农产品的安全，包括确保温度、湿度合理，并按照标准对农产品运输全过程进行全面监控和管理。此外，货主、客户和中间环节还可以采用 IoT 及无线网络实现对运输流程的可视化管理，为更好地规划整个物流环节奠定基础。

（5）源头可溯。

近年来，世界各国都在以前所未有的力度强化对食品安全的监管。实现食品源头可追溯成为确保食品安全的重要基础。从田间到餐桌，运用 IoT、区块链等新技术能够追溯整个供应链系统每一条信息的来源，这将为系统的所有参与者（包括监管机构和最终消费者）提供有力的支持。

（6）数字化销售。

线上经济的迅猛发展已使农产品的直销成为一种时尚。越来越多的私有品牌已经可以借助各种新科技直接将其产品带给消费者。这些新科技包括线上对话机器人、店铺内基于 AIoT 技术的互动屏等。它们可以帮助优秀的品牌直接触达消费者，与他们互动，了解并满足他们对高品质产品的需求。这种能掌握市场一手信息的数字化销售通路将为生产者提供更为及时的市场信息，从而帮助他们更好地规划下一个周期甚至是未来几年的农业生产。

4.2.2 从最佳实践到农业领域领军者的跨越

我国农业的数字化转型可能会持续数十年，但纵观整条农业产业链的数字化进程，我们会看到产业链某些环节（如农机的使用及运维、农产品销售等）的数字化进程明显快于其他环节。SAP 与全球诸多领先的农业公司，如全球最大农业设备商约翰迪尔（John Deere）公司、全球四大粮商之一的美国嘉吉（Cargill）公司、全球最大的新鲜水果和蔬菜提供商都乐（Dole）公司等，都进行了农业数字化转型的探讨。本节围绕农业产业链的关键环节（即规划、生产、机械设备、物流运输、食品安全溯源及销售）总结了农业现阶段的最佳实践及着眼未来的创新方向，如表 4-1 所示。

表 4-1　实现从最佳实践到行业领先的跨越

进程	规划	生产	机械设备	物流运输	食品安全溯源	销售
最佳实践	基于经验制订计划	基于经验的传统种植技术	采用现代化农机	可追踪的物流	基于统一标签的追踪	系统管理的多级分销商网络
行业领先	根据农田数据分析和实时的供需预测制订农业计划	基于传感器、智能终端实现全过程数字化，由 AI 模型驱动的动态管理	基于预测性维护和集中计划的现代化农机管理	仓储、运输过程和环境控制全程透明的物流运输管理	借助区块链实现从田间到餐桌全球可追溯	电子商务、直销及订单和交付的全程可视化

当我们沿着农业产业链去观察这些最佳实践时，会发现它们要么是"温故知新"，即通过对历史信息和经验的总结、分析与优化，为农业生产制定出更为明智的方案，如在规划和生产中，通过清楚掌握农田历史信息，很好地解决种什么、怎么种的问题；要么通过引入各种新装备（如新型的自动化、数字化工具，以及大型农机等），在物流运输车上安装传感器，在产品上打上统一的条形码，采用统一的分销商管理系统，提升管理的效率和透明度。所有这些努力都为农业开启了通往数字化的大门。

但要推动农业实现全面的数字化、智能化，农业管理者、生产者不仅需要利用新技术获取更丰富的数据，对数据进行深入的分析，更重要的是要将对数据的洞察与农业产业链各关键环节的业务流程结合，做出基于数据的最优决策，打造行业领先的下一代最佳实践。例如，在规划环节，通过对农田历史数据、现有数据的分析，与产业链的终点，即市场需求进行衔接，将帮助农民建立起对农产品供需的有效预测，并以此为基础制定有的放矢的农业规划，实现按需生产；在生产环节，对传感器、智能终端收集的各种田间数据进行深入分析，建立对农业生产的洞察，将这些洞察与农田管理系统结合，建立对农业生产的动态化、精细化管理，确保农产品的高产出、高品质；在销售环节，采用智能化的销售解决方案实现订单与交付的全程可视化，通过对销售数据的分析，实现对消费者需求的深入了解，这些认知将有助于制订下一轮生产规划等。

要应对农业当下面临的挑战，帮助农业客户开展在未来领跑行业的下一代实践，不仅需要引入新技术，更需要具备对农业产业链、对产业链相关企业业务流程的深刻理解，而这也正是我们构建下一代农业生态体系希望达成的目标，即将最优秀的技术嵌入业务流程，通过技术与业务的融合促使企业加速实现价值。我们始终围绕客户的业务场景进行创新，帮助客户专注于自身业务，免受不知如何利用新技术的困扰，实现从最佳实践向未来的跨越。

4.3 新型的创新模式面向农业打造的联合创新方案

在对农业发展面临的挑战，以及当前的新技术如何在农业产业链各环节创造价值进行充分分析后，我们与面向农业领域提供新技术的优质初创企业进行了深入的探讨，共同制定出将新技术与农业产业链各环节相关的企业业务流程完美结合的方案，可以赋能企业在推动农业数字化转型的同时，实现从优秀迈向领跑未来的创新场景。

下面将重点介绍两个创新案例：一个聚焦农业产业链的生产环节，通过将先进的田间数据采集技术与智能农业管理系统深度结合，实现农业生产的精准、可视化管理，促进农业生产效率的提升，确保高品质、高产量、可持续的农产品产出；另一个则聚焦农机管理，通过将实时采集的农机运行数据与预测性维护解决方案结合，赋能农机企业，为农业机械化生产提供强有力的支持，同时帮助农机企业通过制定基于数据洞察的延保服务策略，成功开拓农机售后维修服务市场。

4.3.1 案例 1——利用 IoT、无人机等新技术赋能数字化的现代农业管理

本案例将展示"新型农业经营主体"（以下简称新经营体）怎样将 IoT、无人机、卫星遥感等技术与智能农业管理系统相结合，通过更优的规划和管理提升农作物产量和经济效益。

提高农作物产量和品质，确保农产品的可持续供给，一直是我国农业发展的重要课题。20 多年来，我国为解决"三农"问题，推进农业数字化，出台了一系列惠农、富农的政策和措施，农民生活得到了极大的改善。近年来，我国更是提出了乡村振兴战略，鼓励通过新经营体推动农业的高质量发展。这些新经营体积极尝试在农业生产中引入数字技术，建立基于大数据的决策模型，以提升农业生产环节的效率及经济效益。它们将在我国农业的数字化转型中发挥重要作用。

1．农业新经营体的出现及其面临的挑战

近年来出现的新经营体为农业带来了积极的改变。地方政府与商业地产商及其他投资方合作，通过成立新经营体的方式对农业生产进行数字化改造。一方面，新经营体对土地资源进行整合并加以综合利用，例如通过配套发展提升农民的生活水平，开发商业地产项目协助农民"上楼"，从而部分解决农村劳动力流失的问题；另一方面，通过资本的投入及土地的整合，为数字技术的广泛应用奠定基础。新经营体改善了广大农民的生产和生活条件，并促进了其在赖以生存的土地上持续发展的积极性。

在这个基础上，就可以逐步对农业生产进行有效的数字化改造。以种植业

为例，传统农业生产大量依靠长年积累起的经验对生产的主要环节（如育种、灌溉、施肥、病虫害防治等）进行管理，其生产效率和经济效益极大地依赖个人的经验、判断及管理能力。这些经验的传播需要时间，从而导致生产效率不平衡、波动性大，农产品质量参差不齐等。

新经营体希望借助数字技术解决传统农业生产面临的问题，对农作物生长环境、农田作业环境、农资使用进行精细化管理，改变"靠天吃饭"的传统生产模式，提升农作物的产出和品质，推动传统农业向智慧农业的转型。但在这个过程中，仍然存在以下 3 个方面的挑战。

（1）土地规划。

通俗地讲，土地规划就是解决"在哪块土地上种什么"的问题。合理的规划需要考虑诸多因素，如土地状况、市场需求、政府导向，以及耕种时节等。在严重依赖经验的传统生产模式中，土地的规划多数时候是不够细致的，其结果是尽管农民付出了辛勤的劳动，但最终的产量和销量并不可控。

（2）生产过程管理。

生产过程管理即解决"怎么种"的问题。农作物的生长通常是一个持续数月的过程，科学化的管理应当根据农作物的生长规律及环境条件的变化，对种植活动进行调节。实现对这个过程的管理，需要对与农作物生长相关的各种信息，如病虫害情况、环境变化（如气温、湿度、光照）、农作物的长势等，进行实时收集、同步处理，及时发现各种异常状况（如自然灾害或病害等），从而对灌溉、施肥及病虫害防治等做出预判，对生产活动进行合理的计划和安排。

（3）收益成本管理。

无论是先进的系统还是先进的技术，如果不能与流程和管理结合，创造更高的产出、更高的效益，就只是纸上谈兵。在农业生产成本中，购买种子、化肥、农药的花费占比最大。以小麦为例，这 3 项支出通常占总成本的 60% 以上。传统的农资投入主要凭借经验。有时为实现高产，常常会投放大量肥料、农药等。这不仅会造成资源的浪费、成本的增加，还可能影响农产品的品质，导致土壤质量的下降，甚至引发食品安全问题。建立起确保农业可持续发展的模型，设计出性价比最高的农资投入方案是解决问题的关键。

2. 观点分享——生产过程的数字化管理是应对挑战的关键

以上挑战归根结底都属于管理问题。我们的思路是通过数字化的技术将业务流程的关键点连接起来，通过对其数据的监控，建立起相应的模型，从而协助农业生产人员在关键点上做出及时和正确的决策。同时，对农作物的产量、收入，以及相应支出进行量化和预测的能力也需要得到提升。为此，我们需要沿着两条主要链路进行分析。

（1）农业产业链的全链路。

数字化农业生产已不再是传统意义上田间地头的生产劳作，而是一条从田间到餐桌的完整的农业产业链。这条产业链上连接了无数的合作伙伴，它们提供农业生产、源头采购与贸易、加工、供应链管理与食品安全、销售与售后等各项服务。它们既是整条产业链上数据的提供者，也是需求者。上游生产是整个产业链价值的基础，而对下游市场的把握则可以对上游生产的决策（例如种什么和种多少）产生影响。

（2）田间生产活动链路。

田间生产活动是农业产业链上的重要一环，大致可分为 3 个主要步骤，即了解田间农作物生长状态、计划及实施人工干预措施，以及结果分析和调整。通过 IoT、卫星遥感、无人机等新技术，可以把土地和农作物的即时状况转化为结构化数据，并通过智能系统把农耕经验转化为数学模型。接下来，把这些以前难以获得的数据和模型与智能化的管理系统相结合，可以模拟并优化相关的各项投入，实现对农田管理的高度透明化。

通过数字化平台可以进一步将这两条链路中产生的信息进行包装和汇总，从而使数据的流动和流程的透明度拓展到新经营体之外，实现农业产业链内所有参与者的协同。对负责农作物生产的新经营体而言，它们将能够根据市场需求的变化调整经营决策。对下游分销商和消费者而言，透明、高效的供应链系统，可以实现农产品的全程可追溯。

3. 新方案的探讨

围绕土地规划、生产过程管理、收益成本管理 3 个方面，我们与一家专注于卫星遥感和农业无人机应用领域的初创企业就上述两条链路的设计进行了深入的探讨。这家企业经过多年在农业应用领域的研究，建立了庞大的与土地相关的数据库，其中包含土地状况、典型气候信息等数据，可以为"种什么"提供建议。同时，结合无人机技术、卫星遥感技术及 IoT 技术，能够实时捕捉和反映有关农作物生长及土地状况的信息，可以就农资使用、病虫害防治等给出建议。

在初创企业利用新技术收集的生产数据及建立的管理模型之上，SAP 的智慧解决方案帮助新经营体在生产管理、决策等方面实现了飞跃。

（1）将生产数据转化为业务信息。

通过将所有生产数据输入业务管理流程，SAP 的智慧解决方案可以帮助新经营体解读数据所反映的各项指标，使决策者能更加直观地预测潜在的经济效益，如某块地的收成、预防病虫害大致的花费，甚至可以选择特定的杀虫剂等。此外，SAP 的智慧解决方案还可帮助新经营体对现有资源和工作计划进行可视化管理。

（2）利用真实数据不断完善管理模型。

尽管目前初创企业已经可以捕捉从田间到空中的各类传感器发来的数据，并可利用管理模型给出建议，但因缺乏对最终决策的了解，初创企业无法从决策带来的结果中得到反馈，因此难以对管理模型进行自动调整，进而提升其预测的能力和准确性。这些决策流程通常运行在 SAP 的系统中，SAP 可以对最终成果进行监测，并将结果反馈到初创企业的模型中，从而形成闭环，以满足机器学习的基本条件。

（3）提供云平台服务。

SAP 提供的云平台服务，可以帮助新经营体与农业产业链上的合作伙伴建立更为紧密的信息互通与合作，包括农资供应链协同、下游农产品供应链协同等。同时，通过对下游市场数据的分析，可以更好地预测需求，为下一季或下一年的农业规划提供依据。

我们将双方提供的新技术和解决方案进行融合，创建了联合创新方案，解决了农业生产中遇到的部分问题。

（1）根据土地历史产出数据，建立"土地字典"，合理规划农田。

借助无人机等智能农机终端，初创企业通过对地块、农作物、土壤等多维度的数据采集，逐步建立起包含土地面积、土壤墒情和肥力、历史增长数据、气候、病虫害历史等信息在内的数据库，我们称其为"土地字典"。当新经营体接触到一块新农田时，可根据这块农田的特征在"土地字典"中找到条件近似的地块，以及这些地块的历史产出数据，从而得到一些参考种植方案。新经营体可以据此预计产出，并将预期的农产品价格及农资使用数据（如种子、农药、化肥的投入等）一起汇入 SAP Farm Management（SAP 农场管理）解决方案，对新农田的最终经济效益进行预估。同时，新经营体还可以根据 SAP 分析平台提供的对农产品需求和价格的预测，调整生产计划。通过这些步骤，新经营体可以在每个农业季开始之前，根据可预见的经济效益进行农田规划，制订采购计划及未来的销售计划。

（2）通过对农田的管理，确保农作物高质量、高产出。

在农作物生长期，初创企业将持续采集有关农作物长势、病虫害、环境等的监测数据，并进行初步分析，识别影响农作物生长的异常情况（如病虫害情况等）。这些信息，与其他从田间传感器、外部天气预报、生产操作等获取的信息一并汇总在 SAP 农场管理解决方案中，并以可视化的方式呈现在统一管理的视图上。新经营体的管理者可以根据这些信息了解农作物的生长状况和预期情况，针对每一个地块的具体情况，开展灌溉、施肥、防病虫害等各项农田管理作业，调整农资投入。其中，具有 AI 自主学习能力的系统能够及时为管理者提供建议，以提升农作物产出，并优化资源。为确保统一，所有的计划和执行（例如农资的采购订单）可通过统一的流程经相应系统进行下发。最终的花费经核实后汇入最终的财务报告中。

（3）调整农业生产计划。

当一个农业季结束的时候，利用初创企业和 SAP 收集到的生产数据和财务数据，新经营体便可以开始优化下一季种植策略。首先，对生产策略进行调整，即根据市场需求调整各种农作物的生产计划。其次，对生产模型进行完善，即通过对地块的实际产出、投入进行分析，纳入天气、病虫害等相关数据，更加准确地了解真正对产出造成影响的因素，从而决定是否需要增加农资投入，抑或加强恶劣天气防护等。通过对生产模型的不断完善，可以对下一季或下一年的投入和收益进行更为准确的预估。最后，新经营体可以根据市场需求和宏观需要统筹调整生产计划，同时为经营者提供可靠的效益预期。

该联合方案是实现农业产业链中重要环节智能化的一小步。进一步，我们还可以将生产环节的数字化拓展到下游供应链，包括农产品源头采购、加工、供应链管理与食品安全、销售和售后等各个环节，成为建立完整农产品供应链的数字化基础。

图 4-2 总结了该联合创新方案给农业生产带来的改变，涉及农田规划、农田管理及调整农业生产计划 3 个关键场景。

农业	场景	现状	未来
规划			
	农田规划	经营者凭借传统经验决定在土地上"种什么"及"种多少"。实际操作中，由于缺乏对土地实际情况及市场需求的统筹规划，最终产出往往不合预期。	建立基于土地历史产出数据，以及对市场需求评估的整体规划，从而对地块的投入产出进行科学评估，制订相应的生产计划。
生产			
机械设备			
物流运输	农田管理	主要依据过往经验对农田进行管理及决定农资如何使用（包括施肥、灌溉、病虫害防治等）。个人经验的偏差导致农产品的产量和质量参差不齐，还可能引起农资的过度使用，以及土壤质量的下降。	基于农作物类型、气候、地块情况等形成SAP农场管理解决方案，结合实时农田监测及病虫害监测，由AI系统提供建议，优化打药、施肥、灌溉等工作，确保高品质、高产量的农作物产出及农业的可持续发展。
食品安全溯源			
销售	调整农业生产计划	根据经验调整下一季或下一年的农作物生产计划。对经营者来说，生产效益不确定；对主管机构来说，无法进行统一规划。	一方面，根据上一个周期的农田计划、农田作业执行和农作物产出数据，调整评估模型，提升产出评估的准确性；另一方面，根据市场需求和宏观需要统筹调整生产计划，同时为经营者提供可靠的效益预期。

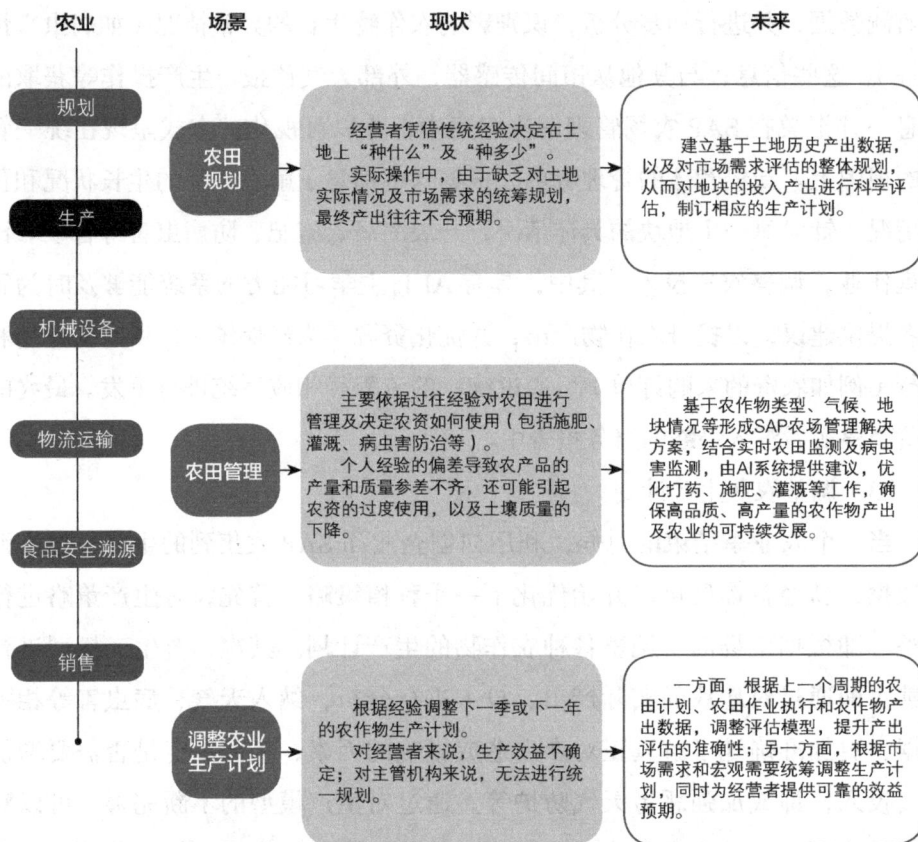

图 4-2　联合创新方案给农业生产带来的改变

4．农业生产的未来展望

中国的粮食生产总量居于世界前列，人均粮食生产总量高于世界平均水平，不仅实现了粮食基本自给，而且为世界粮食安全做出了重大贡献。但要确保人们实现从"吃得饱"到"吃得好"的转变，提升我国农产品在国际市场的竞争力，我国需持续加快通过科技创新推动农业提质增效和转型升级的脚步。一方面，我国持续出台相关政策，如《社会资本投资农业农村指引（2021 年）》，鼓励资本和新的商业参与者将新型商业模式和管理方式引入农业；另一方面，

IoT、数字化和智能化技术也将在农业中迅速得到应用。我国的农业产业将迅速向规模化、智能化转型，将涌现出更多具备先进管理水平的专业化农业企业和"职业农民"，他们将拥有更高效的管理能力、更强的生产力，在全球农业市场上更具竞争力。

4.3.2 案例2——采用车联网技术实现农机的互联与预测性维护

大型农机的数字化是农业数字化的另一个重要方面。使用农机可以大幅提高农业生产效率。随着农机的广泛采用，对农机的养护和管理也显得异常重要。在这个领域，车联网和大数据技术正发挥着重要作用。

近20年来，随着中国城镇化进程的加速，大批农村青壮年进城务工，农村劳动力人口逐年减少；同时城市的扩张也在一定程度上减少了农业用地的种植面积。在此背景下，国家为保障粮食稳定供给，推进农业生产模式由人力种植全面向机械化种植方式转型，加速农业数字化，提升农业生产效率，出台了大量面向农机行业的优惠补贴政策。2020年，全国各类农机保有量约2.04亿台（套），并涌现出以中国一拖集团有限公司、潍柴雷沃重工股份有限公司、东风汽车集团有限公司为代表的行业领头企业。

1. 农机企业面临的新挑战

2003年至2013年，我国农机企业经历了蓬勃发展的"黄金十年"，然而近年来，受农村土地流转、耕地规模变小、地块分散等诸多因素的影响，农机市场增速减慢并趋于饱和。2014年起农机行业进入深度调整期，目前农机行业发展面临的挑战主要聚焦于以下3个方面。

（1）农机新增销量降幅明显。

根据相关数据，近年来农机销量增速持续放缓。2019年和2020年全国农机新增销售额比上年分别下降31.6%和4.5%。同时，相关数据显示，国内农机企业约 74% 的收入来源于新机销售，在农机销量持续放缓的大背景下，农机企业亟须寻找新的方向，尽快走出低谷、加快发展。在对全球领先的农机企业收入进行分析后可以看到，农机企业的收入中服务收入占比呈现不断上升的趋势。例如高端农机市场占有率长年领先的约翰迪尔公司，其服务收入逐年增长，2018 年其财报中售后服务市场（以下简称后市场）服务及零部件维护服务收入达 36.8 亿美元，同比增长 29%。

（2）新机销售出现低价竞争的局面。

随着增量市场变为存量市场，同质化的产品使农机企业不可避免地陷入了"价格战"，这无疑使原本就处于微利经营状态的农机企业雪上加霜。尽管在 2020 年上半年，在政策、结构调整等多重因素影响下，农机行业营业收入与利润总额下滑态势得到一定遏制，但要从根本上改变现状，农机企业亟须改变过分依赖新机销售的盈利模式。

（3）农机企业售后服务能力有待提升。

经过几十年的发展，国内已形成了规模庞大的后市场，但由于当下国内农机企业售后服务网点稀疏，缺乏及时处理故障的能力，因此难以抓住后市场的机遇。目前国内具备农机维修资质的服务点仅 2 万多个，很难满足分布在全国的建制村中的用户需求。售后服务不及时、不到位，维修质量不尽如人意等问题常常会耽误农时，给用户造成经济损失。相比之下，前文提到的约翰迪尔公司则凭借其故障监测和预警服务体系，为全球约 85% 的用户提供了预测性维护服务，将原本已具备全球一流服务水准的农机故障排除时间又缩短了约 60%。

2. 观点分享——推动新技术与售后服务的融合，将后市场打造为新的盈利增长点

毋庸置疑，农机企业要想在存量市场突围，需要迅速转向后市场，构建起

强大的服务能力、网络和标准。同时，它们也需要通过与生态伙伴的合作共同开拓这一利润丰厚的后市场，建立起自身的"护城河"。提供增值养护服务将是开拓后市场的一个很好的切入点。农机通常价格偏高，且一旦出现故障，会对农田作业产生很大影响，因此农机用户更愿意为更优的农机售后服务支付更多的费用，为此，农机企业需要从以下 3 个方面开拓后市场。

（1）制定清晰的延保服务策略。

农机企业应建立简明的售后服务政策，定义不同服务等级的关键指标和价格策略，详细列明维修服务范围、服务响应时间等信息。这样做可以帮助用户在购买产品时清楚了解能够享受的产品服务。要制定这样的策略，农机企业需要准确预估售后服务成本，其关键在于掌握农机关键零部件的历史寿命、产品在不同场景下的运行状态及使用情况等重要数据。此外，农机企业还需要了解用户的具体情况，并根据他们的具体情况进行定价。

（2）利用预测分析技术"预知"关键零部件的健康状况。

前面提到约翰迪尔公司通过预测性维护进一步缩短了设备的故障排除时间，对农机企业而言，预测性维护是一项关键的能力，它不仅可以加快响应速度，而且可以"预防"设备故障。要具备这种能力，农机企业需要运用车联网（或 IoT）技术，收集农机运行状态下的所有关键数据，将这些数据进行汇总，然后利用预测模型对数据进行分析，预估关键零部件发生故障的概率及可能带来的后果，如故障时间等。

（3）提供先进的供应链管理。

通过管理遍布全国的供应链来满足全国建制村用户的需求绝非易事。如果农机企业可以实时预测用户的设备维护需求，就可以优化服务网络，提前统筹维修所需的各种资源，确保关键（昂贵）零部件、备用设备等的合理库存，并妥善安排维修技师的工作。

3．新方案的探讨

基于前文的观点分享，我们与一家提供农机车联网设备和软件服务的初创企业展开了合作。这家企业可利用 IoT 技术实时采集农机运行数据，并通过提供信息管理平台实现农机互联和数据共享。如之前所讨论的，农机生产厂商必须将这些 IoT 数据转化为对它们建立延保服务业务有价值的信息。为了实现这一点，SAP 在农机 IoT 数据基础之上，从以下两个方面帮助农机企业进一步构建智能延保服务体系。

（1）设计延保服务包。

这是将新技术转化为产品，创造新收入的关键步骤。运用 SAP 的预测性维护解决方案和智能化分析，结合农机关键零部件的实时运行数据和维修数据，原始设备制造商（Original Equipment Manufacture，OEM）可以预测可能出现的农机故障概率，并测算农机维修的成本。另外，还可预估故障对用户所造成的影响。基于这两点，农机企业可以和保险公司合作，设计基于数据洞察的延保服务，并进行定价。

（2）售后服务的执行与计划。

基于预测性维护的能力及农机位置的地理信息，可以帮助农机企业进行库存管理和资源规划，以确保各授权维修网点拥有"刚刚好"的库存，以及"恰好"能解决故障的技术人员。这不仅可以减少用户的等待时间，而且可以有效地管理总成本，使服务提供商从规模经济中获益。

在将双方的优势进行整合后，我们为农机企业构建起了联合创新方案，为农机企业走出当下的困境提供了帮助。

（1）收集及整合农机大数据。

农机企业提供的车载 IoT 传感器，可以实时收集动力输出轴（Power-Take-Off shaft，PTO）转速、主离合状态、发动机工作时间、变速箱油温、机油压力等关键运行数据。这些数据将首先传输到车机控制平台，通过应用程序接口上传到 SAP 云平台。另外一部分重要数据来自农机作业规划，它包含农机接下来需要完成的工作量，可以用来评估农机维修或故障带来的影响。

（2）制定延保服务策略，建立起对定价与盈利的预期。

当农机企业对设备全生命周期的成本了如指掌后，就可以有的放矢地设计延保服务和价格。只需借助一些简单的图表，农机企业即可分析出针对不同类型设备提供的服务包的盈利情况，并能根据不同用户、不同地区的农机运行情况，持续地更新定价策略。

（3）实现在大数据基础上的预测性维护服务。

调用 SAP S/4HANA 的绩效管理系统（Performance Management System, PMS）分析模块，并且将车载数据导入 SAP 预测分析库（Predictive Analysis Library, PAL）内，使用韦布尔（Weibull）模型的执行分析算法为农机关键零部件的生命周期做出预测。同时根据预测，提供预防性措施和预估维护费用上的建议。

（4）优化资源配置。

农机企业的 IoT 系统通过与北斗卫星导航系统（BeiDou Navigation Satellite System, BDS）相连，可以定位出各站点辖区内所有用户的位置，在与预测性维护系统结合后，就可以在地图上显示可能的维修服务需求量。农机企业可以根据这些信息，在系统中调配技术支持资源及备品零部件。一旦监测到关键零部件的异常运行数据，农机企业可远程预判故障类型，通知就近的维修服务站点，主动联系用户，安排维修人员，携带合适的工具和零部件前往用户处维修，从而最大限度缩短停机时间和用户等待时间。

围绕农机售后服务的 3 个主要场景（制定延保服务策略、提供预测性维护服务，以及优化资源配置）（见图 4-3），我们与初创企业共同研发的联合创新方案可以帮助农机企业从低效、被动的服务模式转变为可基于准确预测来制定服务策略，高效、主动的服务模式，最终在农机后市场建立起独特的竞争优势，创造更多收入。

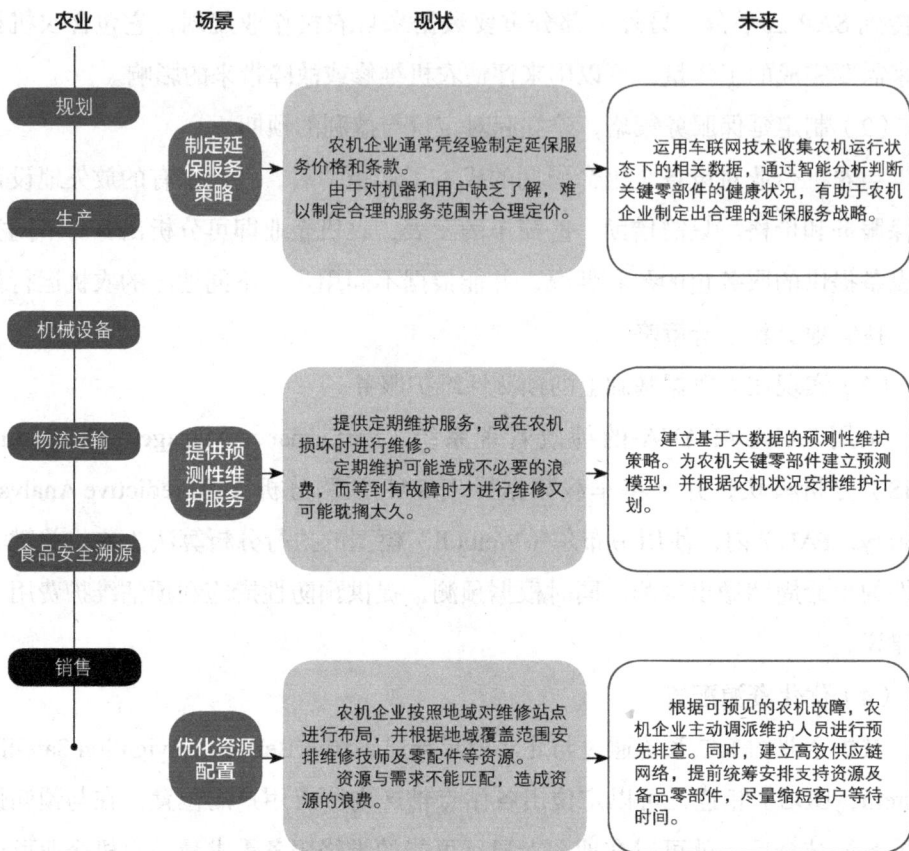

图 4-3　联合创新赋能农机企业开拓后市场

4. 农机行业未来展望

我国城市化进程的推进，加速了农村人口向城市的迁移，提高农产品生产效率仍是未来我国农业发展的重要任务。过去几十年间，大型农机的数字化虽已取得了长足的进步，但仍有很长的路要走。目前，我国农机市场已经从增量市场向更加成熟的存量市场转型。对本土农机企业而言，只有借助新技术实现数字化、智能化转型，才能在农机售后市场保持竞争力；只有打造质量和服务水平的差异化优势，才能赶超国际农机"巨头"。

第 5 章

制造业

制造业是世界上大多数国家国民经济的主体，制造业的实力和水平彰显了一个国家的综合国力。我国是制造大国，自 2010 年以来，我国制造业增加值已连续 11 年位居世界第一，是世界上工业体系较为健全的国家之一。在 500 种主要工业产品中，我国有 40% 以上产品的产量位居世界第一。2012 年到 2020 年，我国制造业增加值由 16.98 万亿元增长到 26.6 万亿元，全球占比由 22.5% 提高到近 30%，我国制造业已经成为全球产业链、供应链中的重要一环。

5.1 我国制造业的发展现状及面临的挑战

近年来，随着云计算、AI、IoT 等新技术与制造业的不断融合，以及相关国家战略和面向智能制造、机器人、新材料等领域一系列支持政策的出台，我国制造业取得了飞跃式的发展。在 2021 年发布的世界 500 强企业榜单中，我国工业领域企业有 73 家入围，相比 2012 年增加了 28 家，"中国制造"在全球产业链、供应链中的影响力持续攀升。此外，我国制造业加快了从规模增长向高质量增长转型的步伐，一批企业成功应用新技术，成为具有国际影响力的领先企业。在世界经济论坛发布的全球制造业领域"灯塔工厂"名单中，海尔集团、富士康、三一重工等企业成功入选。2021 年年初颁布的《中华人民共和国国民经济和社会发展第十四个五年规划和 2035 年远景目标纲要》更是明确提出了加快推进制造强国、质量强国建设的发展战略。可以预见，未来几十年，我国将充分利用先进科技，实现制造业的降本减负，提升产业链、供应链现代化水平，推动制造业优化升级，实现从生产低附加值产品向生产高附加值产品的战略转变。

尽管我国制造业已经取得了令人瞩目的成就，但整体劳动生产率仍然较低，在一些高精尖产品的价值链上与一些老牌的制造业强国仍存在较大差距，在发展中还存在着一系列的短板。

如今"制造"的定义已不再局限于生产过程，而是指一条由设计、计划、生产、交付和运营构成的端到端的价值链，只有在这 5 个环节表现"全优"的企业才会成为制造业的领跑者。尽管传统制造业的数字化转型在不断加速，涌现出一批具有国际影响力的领先企业，但对成千上万规模较小的工厂而言，它们中的大多数仍然处于缓慢推进自动化的进程中。另外，用户对高质量、高度定制化产品的需求日益增长，这对制造业提出了更高的要求。目前，制造业面临的主要挑战可以归纳为以下几点。

（1）设计。

作为制造业价值链的起点，设计既包括对产品外观、性能的设计，也包括对生产工艺的设计，以及样品制造等一系列过程，是一个"技术含量"高的高附加值环节。目前国内制造企业已经能够利用一些设计软件，如计算机辅助设计（Computer-Aided Design，CAD）软件、建模工具等，非常灵活地为各种简单商品（如衣服、家具等）提供定制化设计。然而，对于那些需要结合复杂工艺、供应链协同和市场反馈进行设计的高附加值产品，如机械设备、高档消费品等，制造企业在设计能力和统筹规划能力上则明显不足。

（2）生产制造和质量控制。

生产制造是企业创造价值的关键环节，这是一个极为复杂的过程，由若干步骤构成，包括原材料流转、计划排产、生产调度、生产控制、库存管理、质量管理等。其中对产品质量的管控更是直接关乎价值的最终实现，它已成为企业竞争力的核心要素，因而每家企业都高度关注产品质量。目前，国内大部分企业在推进数字化生产的过程中采取的首要步骤是生产过程的自动化。最常见的做法是采用自动化设备和流水线，一些较为先进的企业开始引入智能机器人等，还有一些企业开始大量采用基于 IoT 技术的传感器和设备，以提升获取数据的能力。此外，部分数字化进程推进得很快的制造企业在引入自动化、智能化设备的同时开始逐步提升系统能力，如采用计算机集成制造系统（Computer

Integrated Manufacturing System，CIMS）等，并在生产车间部署 IoT，建立边缘计算平台等。对制造企业而言，采用这些新技术（从硬件到软件），不仅需要投入大量资金，更重要的是经验的积累和管理能力的提升，只有这样才能切实提高生产效率和质量控制水平。例如，新技术的采用，使企业第一次直接、透明地掌控生产过程中的海量数据。尽管这些数据对提高产量或质量至关重要，但企业仍然亟须提升数据分析能力以获得洞见，从而进一步提高生产效率和质量。

（3）供应链。

制造业供应链是指围绕生产制造将包括客户、供应商在内的上下游企业连接起来形成的链式组织状态。通过对链上资源的整合与协同，可实现企业运行成本的科学管控，以及产品质量、效率和竞争力的提升。"供应链的数字化"是企业实现"智能制造"的关键。一方面，客户、制造商和供应商之间需要建立起具有弹性的供应链协同，实现订单、生产与资源的动态配置，以支撑快节奏、大规模的定制化生产。另一方面，制造商还需要在内部制定一个互联互通、动态的生产计划以协调内部资源，实现各个工厂、车间内及彼此间的协同，不断优化从计划到交付的整个体系，这一点对大型制造企业来说尤为重要。要构建起这样透明敏捷、高度协同的供应链，即便是当今国内领先的制造企业也面临着一定的挑战。

（4）后市场。

前文在农业机械案例中探讨过后市场的话题。在制造领域，随着 IoT 技术的不断渗透、智能产品的不断推出，售后服务已不再是传统意义上的产品售出后解决质量问题，而是企业提供增值服务、创造新价值的重要途径，可以说后市场对制造企业来说蕴藏着无穷商机。以西门子、通用电气为代表的全球领先的制造商已经将预防性维护等数字化服务扩展到了后市场。相比之下，目前我国大多数制造企业还无法提供相关的技术和服务。其中一些领先者开始尝试建立以它们的产品为核心的行业云、设备云平台，但仍然处于探索阶段。

5.2 制造业的数字化进程

尽管我国制造业在向数字化转型的过程中仍面临各种挑战，但近年来，随着新一代信息技术与制造业的加速融合，制造企业开始积极拥抱数字化转型，越来越多的创新场景在制造业产业链的关键环节落地。与此同时，一批走在技术前沿、对新技术有着深入探索的科技创新型企业逐步成为制造企业的合作伙伴，助推制造业在数字化转型中不断收获成功。

5.2.1 制造业产业链关键环节的数字化

当我们沿着制造业产业链观察数字化对整个行业的改变时会发现，智能设备和技术、数据分析和先进的管理系统的广泛应用，正在迅速改变制造企业。通过智能设备和基于端的计算与通信技术，企业可以从生产过程中收集大量实时数据。接下来，通过云计算对这些数据进行深入分析和汇总，并借助 AI 为管理层提供有价值的信息，帮助他们更好地决策，最终实现企业产量、质量和效率的全方位提升。

制造业大致可以分为离散制造业与过程制造业两大类别。它们在产业链的构成上略有不同，但数字化转型思路类似。本书以离散制造业为例，将制造业产业链关键环节的数字化概括为 5 个方面，如图 5-1 所示（如无特别说明，下文出现的"制造业"均为离散制造业）。

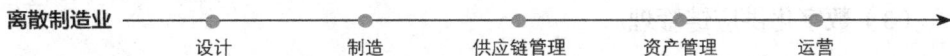

离散制造业 ────设计────制造────供应链管理────资产管理────运营────→

图 5-1　离散制造业产业链关键环节的数字化

（1）数字化设计。

设计环节数字化的核心是建立起灵活的 C2M（Customer-to-Manufacturer，顾客到工厂）和 B2M（Business-to-Manufacturer，商业到工厂）模式。具体来讲，一方面，制造企业通过构建与消费者互动的渠道，使消费者参与到产品设计中，从而更好地理解并满足消费者的定制化需求；另一方面，制造企业以可控的成本对生产进行规划。制造企业正在努力构建有效的反馈机制，即通过产品内嵌的各种软件，了解产品的使用情况和消费者反馈意见，并将收集的反馈意见融入新一轮的设计中，从而持续改进产品设计，实现产品的迭代升级。同时借助数字化手段（如 AR/VR 和 3D 打印等），企业能在最短的时间内以最直观、最贴近成品效果的方式将产品呈现给消费者并获得确认。所有这些努力，将大幅缩短设计周期、降低设计成本，更有效地实现消费者与生产环节的对接，更好地满足消费者日益增长的个性化需求。

（2）数字化制造。

制造环节拥有丰富的数字化场景，其核心是通过对管理、信息技术和现场运营 3 个层面的协调，打造柔性生产能力，满足可控成本下大规模定制的需求。柔性生产主要是指依靠有高度柔性的以计算机数控机床为主的制造设备来实现多品种、小批量的生产方式。首先，工厂通过引入机器人、自动导引车（Automated Guided Vehicle，AGV），为工人配备智能手持设备或可穿戴设备等，升级传统的标准流水线作业方式，实现以同等效率完成产品的定制化生产。然后，借助 IoT 等技术，在不同的生产线之间、车间内及不同车间之间建立起高度自动化的生产流程，减少传统人工操作中会出现的错误，从而提高生产效率。最后，利用传感器等设备，通过对设备运转状态和生产流程数据的动态捕捉，实现对生产制造过程的实时监控，再通过对数据的分析，及时发现各种潜在的问题，从而有效提升产品质量。

（3）数字化供应链管理。

正如我们在前面提到的，为抓住瞬息万变的市场需求，制造企业不仅需要搭建起高效、敏捷的内外部数字化供应链，更重要的是应具备管理高度灵活的数字化供应链协同的能力。例如通过工业互联网技术，企业可以将生产过程中的制造执行系统（Manufacturing Execution System，MES）、仓库管理系统（Warehouse Management System，WMS）、运输管理系统（Transportation Management System，

TMS）等管理软件整合起来，推动产业链上下游企业和跨产业间的数据互通，利用大数据技术，准确预估产出、库存水平和交货时间，并借助合同管理和集中临时性采购等措施，有效协同供应商网络。这将使制造企业实现对包含库存水平、交货时间等在内的多个关键绩效指标（Key Performance Index，KPI）的优化，并提升企业在突发状况下（如供应链延迟或中断）的应变能力。

（4）数字化资产管理。

智能制造的基础是拥有先进的数字化设备。对于这些关键设备，企业不仅需要花费巨资购置，而且需要花费大量的时间和精力进行维护和管理。制造企业必须为这些设备制订透明、高效的维护和管理计划。制造企业需要在生产过程中对这些设备进行实时监测，通过预测性维护及时发现潜在问题，迅速查明原因，做出决策，并通过敏捷、高效的管理流程予以响应和处理，若有需要，及时与供应商进行协调。

（5）数字化运营。

数字化运营是延伸到产品售后的智能化服务。对于特定的高附加值产品，如智能汽车、大型机械设备、家用电器等，生产厂商可以借助基于 IoT 技术的内置传感器，对售出的产品实现更加智能的管理。这些产品成为企业与用户之间全新的接触点，利用产品在使用中不断传回的各种反馈数据，一方面，生产厂商可以通过对数据的检测和分析，预测产品可能出现的故障，及时通知用户，为用户提供预测性维护、产品升级等增值服务；另一方面，生产厂商也可以据此了解产品的使用状态、用户使用产品的习惯等，并根据用户的反馈，不断改进产品设计、工艺流程，实现产品的持续迭代更新。

5.2.2　实现从最佳实践到制造行业领先的跨越

制造业转型一直是，也将继续是我国未来几十年发展的首要议题。尽管在国家政策和技术的推动下，制造企业的数字化转型已取得了长足的进步，更有一些先进企业在某些方面开始领跑全球制造业，但要提升中国制造业整体的数字化、智能化水平，真正实现制造强国的愿景，还有很长的路要走。所幸的是，当下不少初创企业和"独角兽"企业已经开始利用它们在大数据、AI、机器人等方面的专长，在制造业价值链的某些环节和特定业务场景持续推动创新。50 年来，SAP 与包括 ABB、卡特彼勒（Caterpillar）、库卡（KUKA）、博世（BOSCH），以及中国中车、玉柴、柳工等国内外众多制造企业进行了深入的合作和探索。从产业链的不同环节入手，基于不断积累的经验，本节总结出在数字化时代，如何推动制造企业从最佳实践到行业领先的跨越（见表 5-1）。

表 5-1　实现从最佳实践到行业领先的跨越

进程	设计	制造	供应链管理	资产管理	运营
最佳实践	根据用户反馈进行设计改进	自动化的生产过程	相互协作的供应链管理	电子化的资产和维护信息	根据售后及用户反馈，拓展服务范围
行业领先	通过与用户的协作及双向沟通，打造实时的C2M和B2M模式	OT、IT 和管理纵向整合的生产，具备实时洞察和反馈的能力，从而提升生产能力、效率和质量	准确预估供应链的产出、库存水平和交货时间	实时掌握全部资产状态，提供预测性维护和各类资源的统筹规划	基于IoT的内置传感器，主动提供维修服务，并根据数字化反馈不断完善产品

正如前文所述，不少制造企业已开始根据自身的发展现状，在产业链的某些环节引入信息化、数字化技术，进行数字化改造。例如在生产制造环节，通过采用机器人、数字机床等自动化设备，部分代替人工，实现生产过程的自动化、生产效率的提升；在供应链的某个组成部分，如仓库管理中，采用 AGV、机械臂、自动打包机等对仓库物品的分拣、运输、包装进行自动高效的管理；在管理生产设备等资产的环节，通过在设备上安装传感器等，获取设备实时运行数据，及时发现并排除故障，确保生产线的顺畅运行等。

随着制造业数字化进程的推进，不少企业已具备通过新技术的应用，如加装传感器、采用数字化设备（如数字机床）等，获取海量数据的能力，但在如何识别真正有价值的数据，怎样利用数据解决企业面临的难题，乃至创造出新价值等方面仍处于探索阶段。我们认为解决这些问题的关键在于需要通过对数据的分析和洞察提升各关键环节的经营管理水平。例如在生产制造环节，采用基于 IoT 的边缘计算等信息技术，对生产线各环节收集的设备运行数据进行实时监测；运用高级分析算法，识别潜在的质量问题，在与基于生产运营技术（Operational Technology，OT）打造的生产运营管理系统结合后，逐步建立起智能化的质量检测模型，从而持续提升产品的质量，不断优化生产过程。又如在供应链管理环节，在统一的管理平台上将基于消费者需求形成的订单，与从订单中分解出的物料需求、生产计划，以及库存管理等数据进行整合，建立起从供应商管理、原料进出库到生产线的完整物料运送流程，将其与高性能的 AGV 结合，就可根据全部资产的实时状态，对各类资源进行统筹规划，为满足大规模定制的柔性生产提供高效的支持。

面向制造行业，我们将 SAP 旨在服务制造业客户的生产管理流程与科技创新企业提供的技术创新相结合，帮助制造企业不断增强利用数据的能力，实现业务及管理水平的提升，最终推动整个制造业的高质量发展，助力我国智能制造不断迈向新的高度。

5.3 新型的创新模式面向制造业打造的联合创新方案

通过对制造企业在产业链各环节面临的挑战，以及新技术应用现状的梳理与分析，我们开始与一些针对制造业的痛点提供创新技术和解决方案的优质科技创新企业展开深入的探讨与合作，并共同开发出全新的解决方案，推动制造企业通过创新从优秀走向卓越。

下面分享两个创新案例：一个案例聚焦制造业的供应链环节，通过将先进的 AGV 与制造执行系统及仓库管理系统相结合，建立起全自动化、高效灵活的厂内物料转运体系，有力支撑大规模定制化生产的需求；另一个案例重点关注产业链生产制造环节的质量控制场景，利用工业互联网实时监测生产过程中的关键步骤，并与生产管理系统进行结合，帮助制造企业建立应用于生产过程的快速且精准的质量检测体系，持续提升产品质量。

5.3.1　案例 3——AGV 在未来仓库与车间的应用

探讨制造业的未来时，我们常常会提到 C2M，即按照消费者的需求对产品进行定制和生产。C2M 已不再是一个新概念，它已经为我们的生活带来了积极的改变，例如以特斯拉为代表的一批汽车制造商，已经可以满足消费者对车辆进行个性化配置的需求。未来，消费者将会越来越习惯于这种 C2M 的购买方式，而且会认为不应为购买定制化产品而支付更多的费用。这就给制造商提出了要求：不能为生产这些定制化产品花费更多的时间或者成本。为实现这样的目标，领先的制造企业一直在努力提升处理小批量定制化订单的能力。例如，它们不再沿袭在固定的生产线上生产标准化产品的传统做法，而是通过工作岛的方式，在生产同一件产品时，利用 AGV 运送物料，根据定制要求安装不同的零部件，打造出如手工制造般的定制化产品。

1. 柔性生产给供应链带来的新挑战

理论上，通过上述灵活的生产过程，制造企业可以生产定制化的产品，但这也带来了前所未有的新挑战。

（1）日益复杂的生产计划。

不同于传统的高度标准化的生产过程，在柔性生产模式中，生产线上的每一个步骤都可能对应着一个不同的操作，如进行指定颜色的喷漆，或是添加一个特别的零部件或功能。这就要求对生产线上的所有操作做详细的计划，同时也需要车间和仓库为每条生产线、每个生产环节准确地准备生产所需的物料。

（2）车间和仓库的物料运输。

柔性生产需要高效的物料运输，以支持物料在生产线、线边仓、物料仓库及车间之间的不断周转。许多现代化的工厂开始尝试采用 AGV 完成物料运输，但是管理这些 AGV 本身就很复杂，特别是在空间狭窄、AGV 和人员混合的工厂车间内，这个问题尤为突出。仓库的空间虽然相对较大，但当多台 AGV 一起工作时，也常常会拥塞，甚至发生相互碰撞的情况。

（3）多台设备和工作岛之间的协同。

协调物料和成品在生产线、线边仓、暂存区和成品仓之间的流转，以及让多台 AGV 同时工作绝非易事。更多的智能设备虽然可以减少人为错误，但也会增大设备出现故障的可能。一旦出现设备故障，或发生智能设备送错零部件的情况，就可能使部分生产受到影响。若不能及时发现并妥善处理这些问题，可能会导致生产线长时间停摆，出现技术不但没能带来效率的提升，反而制造了更多的麻烦的情况。

2．观点分享——构建灵活且高效的协同是实现柔性生产的关键

由消费者需求驱动的生产制造将成为一种新常态，这会对制造企业的灵活性提出更高的要求。但更强的灵活性常常会推高成本、降低效率。为此，制造企业需要采用恰当的数字技术，一方面提高生产的灵活性，另一方面保持低成本和高效率。要达成这些目标，企业需要重点关注以下几个方面。

（1）整合业务规划。

未来的业务规划将是一个从订单到原材料计划的完整过程。C2M 的出现加速了这一过程。这个过程又可以被进一步细分为两个部分：C2B（Customer to Business），即企业通过平台收集需求并将其转化为订单；B2M，即将订单分解为工厂的生产计划。在这个过程中，企业必须保证数据的一致性，建立由业务规划到供应链网络的灵活协同。

（2）建立边缘计算平台。

生产计划由 IT 系统传递到车间生产线，并在生产线被进一步分解为若干由自动化设备执行的任务。各类辅助生产智能设备，如机器人、AGV 等不仅需要在设备间进行实时的信息传递，而且在很多情况下需要与仓库等其他系统进行实时交互，以确保生产过程顺畅。例如，高度定制化的订单要求将特定的零部件及时、准确地运送到工作岛并进行组装。在这个过程中出现任何问题，如 AGV 停止工作或零部件出错，都应被及时发现，并通过更换设备或采取其他自动或人为干预措施进行修正。这些操作都需要一个强有力的边缘计算平台，这个平台就是智能生产线的"神经中枢"和现场"指挥官"。

（3）采用智能 IoT 设备。

智能 IoT 设备可以取代或协助现场操作的工人。更重要的是，这些设备可

以同时连接到边缘计算平台，在不需要额外人工操作的情况下准确地传递现场的数据。近年来随着技术的快速发展，智能设备已形成一个规模庞大的市场。本案例聚焦的 AGV，经过多年的发展，已变得越来越智能和强大。一些先进的 AGV 不仅可以在仓库或工厂中转运零部件，而且能与彼此和其他系统协作。它们不再依赖轨迹线，而是通过激光等更为先进的技术，快速定位生产所需零部件的存储位置，规划最佳路线，并高速、安全地运转。

3. 新方案的探讨

SAP 已与多家 AGV 企业就工厂及仓库场景开展了合作。在本案例中，SAP 与一家提供多款优秀解决方案的机器人企业共同探讨了创新的模式。这家初创企业研制的 AGV 与其开发的拣货、码放系统紧密配合，可实现仓库内和车间内零部件运输的自动化。此外，不同于大多数移动缓慢或需要铺设地面指引标的 AGV，这家企业提供的基于激光雷达和视觉识别技术的 AGV 可自由通过狭窄的通道，十分适合空间有限的生产车间。借助机器人控制系统，还可同时调度多台 AGV，实现多台设备的协作。SAP 的仓库管理系统和制造执行系统与这家初创企业的 AGV 控制系统相连接，能够十分有效地提升工厂车间的自动化水平。

（1）建立智能化的生产计划。

SAP 的企业资源计划、仓库管理系统和制造执行系统负责从生产计划到制造的全过程管理。通过这些系统，制造企业可以清楚地掌握生产计划，并规划相应的物料。同时企业也能够掌握生产线的生产状况，例如正在加工哪些组件、需要哪些材料，以及需要将哪些零部件运送到下一个工作岛或车间等。在仓库端，SAP 管理零部件的仓储情况及位置信息。这些信息可以帮助初创企业的 AGV 控制系统制订相应计划，调度 AGV 执行工作岛和仓库之间的物料接收和流转，并根据生产计划的变动及时调整运输方案。

（2）形成更有效的设备故障管理。

即使是性能良好的 AGV 也可能发生故障。在联合创新方案中，初创企业的 AGV 控制系统可以将故障信息反馈到 SAP 计划系统。车间或工作岛的管理者可以及时了解故障及可能对生产造成的影响，并采取相应的措施解决问题，如派遣备用 AGV 或手动进行干预等。

我们将初创企业研发的先进的 AGV 及 AGV 控制系统与 SAP 的制造执行系统及仓库管理系统进行结合，并针对上文提到的挑战，创建了联合创新方案。

（1）传递生产计划。

在生产线和工作岛，SAP 的制造执行系统根据生产计划确定所需零部件，随后按照需求和线边仓的具体情况决定运输计划和批次，并向 AGV 控制系统布置任务。

（2）实现车间内物流。

一旦接收到任务，AGV 控制系统会调遣 AGV 到指定仓库搬运零部件。仓库管理系统中的零部件位置信息会传送给 AGV 控制系统。该系统将为所有 AGV 规划出最佳路线。在到达仓库后，AGV 可以与机器人的分拣、码放系统配合，确认物料装载情况，然后返回生产线，将零部件置于线边仓，并发送完成任务的信号。

（3）生产协同。

生产协同具体表现为对智能设备间的正常交接及异常状况的管理。在正常情况下，AGV 将在工作岛卸载零部件，并在系统中对任务状态进行更新以准备接收下一个任务。在某些特殊情况下，如 AGV 无法完成任务、缺货、零部件出错等，它会向 SAP 计划系统发出报错信息，并将自己的任务信息一并传递给 SAP 计划系统，以便管理者及时发现问题并进行必要的人工干预。

以上流程在一个智能工厂中周而复始地进行着。一方面，工作岛上的智能设备可以根据生产计划对每一个产品进行定制；另一方面，AGV 在外围进行辅助，实现"按需供给"，工作岛不必将所有定制材料都堆积在附近。这样，就可以实现在同一个工作岛完成定制化产品的组装工作。

图 5-2 总结了该联合创新方案给制造业生产制造环节带来的改变，包括生产计划、车间内物流和生产协同 3 个关键场景。

制造业	场景	现状	未来
设计			
制造	生产计划	传统制造业采用高度标准化的生产线进行生产。与之相应的生产计划、生产流程及物料配合都需要高度标准化。 日益增加的定制化和个性化产品需求对生产计划的灵活度提出了要求。生产线上的每件产品都可能需要不同的工艺和零部件。传统高度标准化的生产计划和流程无法满足这样的需求。	为满足定制化的产品生产需求，企业需要采用柔性生产模式，从订单获取开始，就制订针对单一产品的原材料计划、生产工艺设计、生产制造步骤等完整、灵活的生产计划，并通过智能生产设备与相匹配的车间内物流来完成。
供应链管理			
资产管理	车间内物流	在大规模标准化生产中，生产物料按照既定的生产计划由仓库转运至线边仓，然后按照工序进入生产线进行加工。 随着小批量定制化生产的增加，生产物料的种类大幅增加，原有物流方式将无法满足对物料运输效率的新要求。	在柔性制造系统的支持下，工厂可根据生产计划规划出各生产线不同生产步骤所需物料。采用AGV等自动化设备，并将设备与仓库管理系统相结合，系统就可以通过AGV完成仓库与线边仓之间的物料传输。这将极大地提升物料运输效率。
运营	生产协同	在标准化的生产中，对生产线和各生产设备灵活性的要求较低，生产协同主要通过批量的计划和人工干预完成。 随着高度定制化订单的增加，对生产线灵活性的要求大大提高。此外，为提升效率，越来越多的工厂开始在生产中采用如AGV等各种智能设备取代人工。如何确保众多智能设备之间，以及设备与生产、仓库等系统间的协同成为现代化生产面临的一个重要挑战。	协同的基础是系统内数据的实时传输，通过边缘计算平台与管理计算平台的结合可以完美地实现这一点。通过边缘计算平台协调设备的实时运营。一旦出现意外，如故障，信息可立刻反馈到管理计算平台，使管理者及时了解故障及可能对生产造成的影响，立刻采取派遣备用AGV或人工干预等措施解决问题。当生产计划出现更改时，亦可对设备的工作内容进行及时的调整。

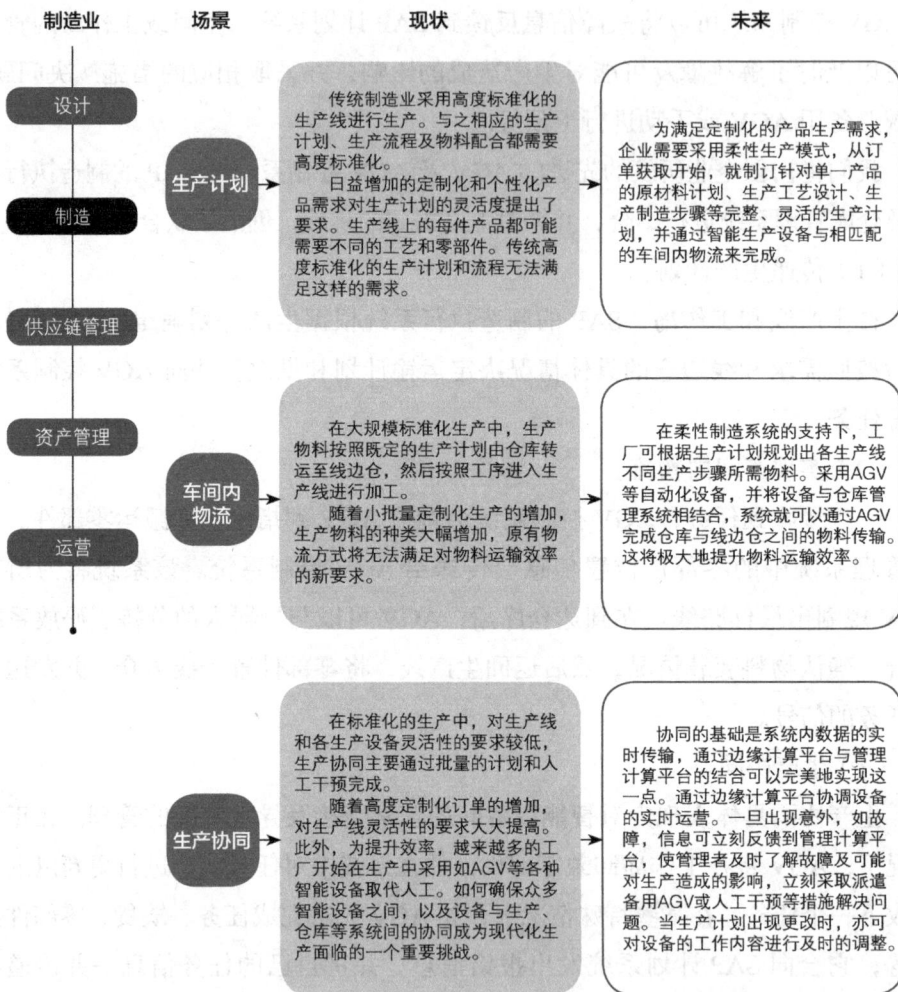

图 5-2　联合创新方案给制造业生产制造环节带来的改变

4．AGV与机器人在制造业应用的未来

本案例只是智能制造业中的一个小应用。AGV 和机器人技术的广泛应用势必会加速制造业的现代化进程。过去，这种做法的主要目的是提升效率和产品质量。未来，这些技术可以帮助我们实现以同样高效的生产打造高度定制化

产品的目标。作为消费者，我们今天已越来越多地享受到定制化产品带来的满足感。未来，以更低的成本定制更小的商品将成为可能，灵活的生产制造将为我们开启全新的生活。

5.3.2 案例 4——基于 IoT 技术的产品质量控制

本案例重点关注制造业生产的一个重要内容——产品质量控制。如今，越来越多的制造企业开始推进全面自动化，并在工厂和车间采用 IoT 和 AI 技术，由此大大提高了生产效率和产量。这样的进步，对确保产品质量提出了更高的要求。

对产品进行质量检测（以下简称"质检"）是确保产品质量的重要环节。在质检中采用 AI 是当下新技术在制造业落地最为普遍的场景之一。AI 可以高效地执行高度标准化和重复性的任务，有效地缓解技术工人不足的问题。根据 IDC 发布的数据，基于 AI 的工业质检已呈现爆发式的增长，2019 年，中国工业质检软件和服务市场规模已达到 1.07 亿美元。

然而，采用 AI 进行质检只能有效协助企业发现问题，而不能解决产品质量问题。要充分发挥 AI 质检的潜力，从根本上提升产品的质量，还面临一系列挑战。

1. 智能化产品质检中面临的新挑战

目前 AI 在质检中的应用多集中于成品检测。一个典型的例子是对液晶显示（Liquid Crystal Display，LCD）面板的检测。利用 AI 进行检测通常依赖对一些外在要素的分析。这种基于 AI 的检测方法已经在许多领域，特别是在那些曾经高度依赖人们丰富经验进行判断的领域得到应用，大幅提升了工作效率，但是要在质检中的广泛应用 AI，仍存在一定的局限性。

（1）目前利用 AI 进行检测时需要借助图像、声音或气味等表象数据。

图像、声音或气味等表象数据通常较容易被抓取，并可转换为结构化数据，对于表象问题，利用 AI 进行分析比较容易得到结果。然而，对较为隐蔽的产品缺陷而言，这种方法则难以奏效。例如，对于生产过程中焊接的焊点不润湿或干接缝等内在质量问题，很难通过 AI 图像识别技术进行直接辨识。

（2）现有的方法难以发掘问题的根源。

尽管 AI 可以取代重复性的质检工作，但难以发掘问题的根源。问题的溯源仍需耗费大量的时间和精力，并且仍主要依靠经验。现代工厂的每条生产线几乎都由上百个步骤构成，如果能快速辨识问题出在哪里、问题的根源是什么，对工厂而言是非常有价值的。

（3）质检环节的滞后会造成很大的浪费。

传统质检一般在产品制成后展开。这意味着，很多问题产品在生产出来后才会被发现，这可能造成整个批次的浪费。虽然工厂可以增加检查的频次，但这样做不仅会耗费大量的资源，而且会大大降低生产效率。

2. 观点分享——实现生产过程中的质检，构建质检模型，将持续提升产品质量

产品质量是现代制造业的核心竞争力之一。未来的产品质检程序，应当不仅能够发现问题，而且能够通过提供洞察，帮助消费者追根溯源。此外，质检将不再是生产过程的最后一道关卡，通过对生产过程中每一个关键步骤的监测，质检工作将被"前移"。可以看到，新兴的边缘计算正在使产品质检的变革成为可能。质检将不再是一个被动的环节，它将在生产过程中发挥主动作用。可以从以下几方面实现生产过程中的质检。

（1）在生产过程中及早发现问题。

我们的原则是，任何错误应当在它们发生的时候被检测出来，而不是等到最后的质检环节。目前，借助新技术，制造企业可以在加工每一个零部件的过程中监测每一个关键步骤的执行状态，并可将每一个零部件的加工状态、每一台设备的运转状态（例如工作温度和其他参数等）记录下来，同时标记生产过程早期出现的所有问题或异常情况。这些问题大多是一些"小毛病"，未必会

导致成品出现缺陷，因而并不需要即刻采取行动。但是，一旦检测出"大问题"，或者"小毛病"积累成"大问题"，则需要立刻采取措施以最大限度地减少损失。

（2）生产过程可全程追溯。

当产品或零部件到达检测站点时，质检人员或 AI 质检设备应当获得一份包含该产品全部生产工序，以及所涉及的生产设备的完整且透明的"生产过程档案"。在由上百个步骤构成的生产流程中，一个错误可能不足以导致问题产品的出现，但多个错误的叠加则极有可能导致产品不合格。根据这些透明的档案，质检人员或 AI 质检设备就可以重点关注那些在生产过程中出现较多错误的高风险产品，然后对出现错误的产品进行修复。同时，透明的生产过程也可以帮助工程师们追溯可能导致错误的特定步骤。

（3）建立质检知识库。

如果制造企业能够将质检结果与产品生产过程联系起来，就能够逐步建立起质检知识库。对于每类质量问题，都可以确定与之相关的生产步骤及过程涉及的设备的状态。制造企业可以在此基础上创建一个行之有效的模型，重点关注那些对提升质量影响较大的关键步骤，并对这些关键步骤进行持续改进。

3. 新方案的探讨

我们与一家工业物联网领域的新兴科技企业共同探讨了一个新的解决方案。该企业运用强大的 IoT 边缘计算能力，通过对生产线各环节设备运行参数的实时监测，识别潜在质量问题。当参数出现偏差或波动时，系统会将异常数据记录下来并进行分析，为质量把控奠定基础。SAP 与这家初创企业共同开发的联合创新方案将在这个基础上为客户创造更多的价值。

（1）可以对整条生产线进行全面的分析。

在关注每个工作岛和流程运行状态的同时，SAP 帮助客户将这些工作岛和流程串联起来，并为生产线和车间提供了有关每件产品和零部件生产过程的详细且可溯源的历史记录。那些通过单个系统检测的产品和零部件将被颁发"通行证"，获得"通行证"的产品将顺利进入下一个生产环节。而那些在生产制造过程中有过异常记录的产品将在质检环节被挑选出来，选择性地接受检查。这将帮助质检团队实现有的放矢的质量检查，从而显著提高效率。

（2）可持续完善生产参数。

SAP 将产品的质检结果反馈到生产系统和关键生产步骤中。客户可以基于反馈，发现关键步骤并对其进行深入分析，从而不断完善生产参数的设定（如调整生产参数的允许边界），不断改进工艺流程，持续提升质检效率和产品质量。此外，SAP 反馈的数据还可对初创企业提供的 AI 产品缺陷判定模型进行训练，不断提高其判断的准确性。

我们与初创企业针对制造企业在质量检测中面临的主要挑战，开发出了联合创新方案，主要包含以下几个方面。

（1）与生产计划的集成。

将 SAP 企业资源计划中的生产计划转化为 SAP 的集成业务计划云（Integrated Business Planning，IBP）和制造执行系统中的运营计划。相关信息将自动传输给初创企业开发的系统，该系统将获得各环节设备预设的运行参数并据此对其运行进行监测。

（2）对生产线的监测和对问题的及时反馈。

根据现有的生产流程，初创企业将对每个零部件的加工过程进行监测，以及时发现异常和偏差，并将包括异常警示在内的所有记录上传到边缘计算系统并连接到 SAP 系统中。这些异常和偏差将被关联到每一个被加工的零部件上并被记录下来。这些信息将被发送到质检环节，提示质检人员提取可能存在问题的零部件进行检查，并根据质检的结果添加或修正相关缺陷信息，以作为反馈。

（3）质量问题溯源及对质检流程的持续改进。

前面所讲的是一个持续演进的过程，一旦探索出行之有效的模式，系统就可以根据自动检测的结果向质检团队提供建议。一方面，标识出可能存在问题的步骤。这不仅将稳步提高工作效率，而且可以帮助制造企业发现影响产品质量的关键步骤。另一方面，这些信息可以被记录在 SAP 管理系统中，对每类质量问题，都可以确定与之相关的生产步骤及过程中所涉及的设备状态，由此创建一个行之有效的模型，帮助客户不断改进和完善生产过程。

图 5-3 总结了本案例联合创新方案给生产质检带来的改变，包括给产品缺陷识别、质量问题溯源、产品质量的提升和管理 3 个关键场景带来的改变。

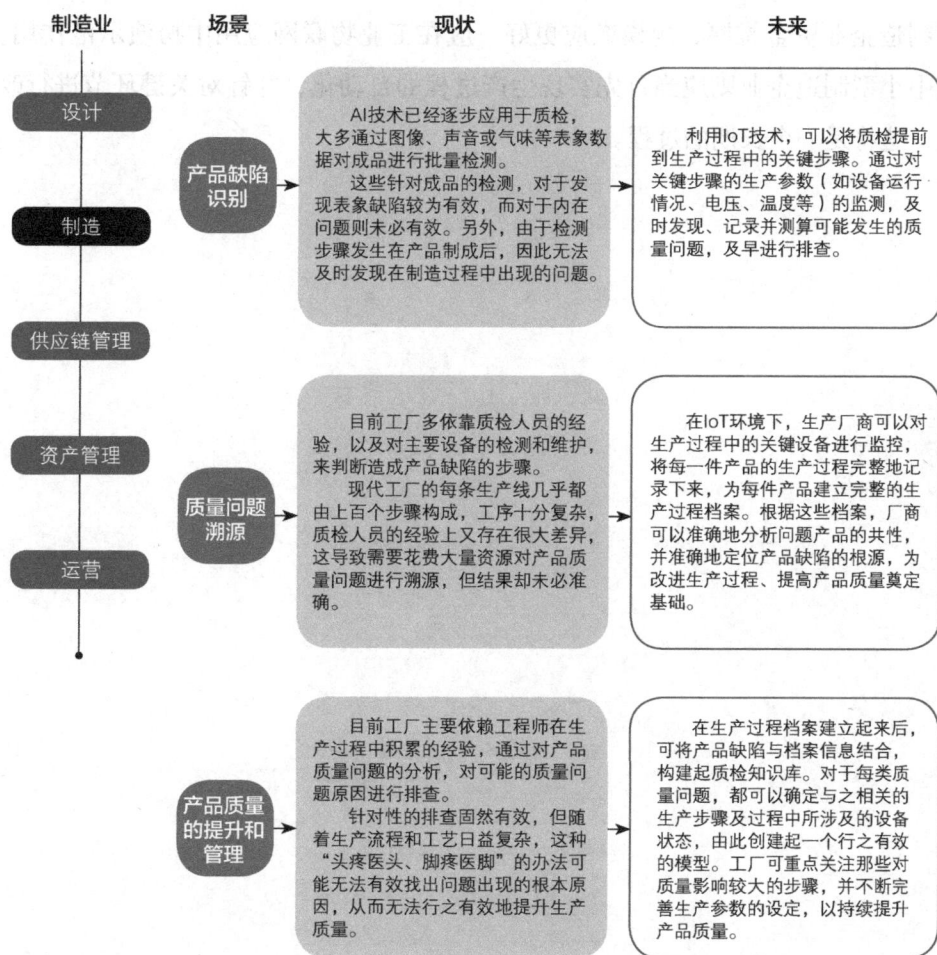

制造业	场景	现状	未来
设计 制造 供应链管理 资产管理 运营	产品缺陷识别	AI技术已经逐步应用于质检，大多通过图像、声音或气味等表象数据对成品进行批量检测。 这些针对成品的检测，对于发现表象缺陷较为有效，而对于内在问题则未必有效。另外，由于检测步骤发生在产品制成后，因此无法及时发现在制造过程中出现的问题。	利用IoT技术，可以将质检提前到生产过程中的关键步骤。通过对关键步骤的生产参数（如设备运行情况、电压、温度等）的监测，及时发现、记录并测算可能发生的质量问题，及早进行排查。
	质量问题溯源	目前工厂多依靠质检人员的经验，以及对主要设备的检测和维护，来判断造成产品缺陷的步骤。 现代工厂的每条生产线几乎都由上百个步骤构成，工序十分复杂，质检人员的经验上又存在很大差异，这导致需要花费大量资源对产品质量问题进行溯源，但结果却未必准确。	在IoT环境下，生产厂商可以对生产过程中的关键设备进行监控，将每一件产品的生产过程完整地记录下来，为每件产品建立完整的生产过程档案。根据这些档案，厂商可以准确地分析问题产品的共性，并准确地定位产品缺陷的根源，为改进生产过程、提高产品质量奠定基础。
	产品质量的提升和管理	目前工厂主要依赖工程师在生产过程中积累的经验，通过对产品质量问题的分析，对可能的质量问题原因进行排查。 针对性的排查固然有效，但随着生产流程和工艺日益复杂，这种"头疼医头、脚疼医脚"的办法可能无法有效找出问题出现的根本原因，从而无法行之有效地提升生产质量。	在生产过程档案建立起来后，可将产品缺陷与档案信息结合，构建起质检知识库。对于每类质量问题，都可以确定与之相关的生产步骤及过程中所涉及的设备状态，由此创建起一个行之有效的模型。工厂可重点关注那些对质量影响较大的步骤，并不断完善生产参数的设定，以持续提升产品质量。

图 5-3　联合创新方案给生产质检带来的改变

4. AI技术在制造业应用的未来

我国是制造大国。尽管如此，先进技术在中小型工厂尚未得到广泛采用，与制造业发达的国家相比还存在较大的差距。我国大多数制造企业仍处于以自动化取代手动流程的阶段。更大的技术投入将有可能加速自动化取代手动流程这一进程。更为关键的是，要迅速找到可以用这些技术提升生产效率的场景。产品质量检测是 AI 和 IoT 的一个典型应用，也是工业物联网的一个缩影。大型制造企业资金雄厚、规模效应更好，应在工业物联网应用中扮演示范作用。而中小型制造企业则应当首先实现生产过程的自动化，并针对关键环节进行改造，这将是一个长期的过程。

第 6 章

汽车行业

自汽车问世 100 多年来，汽车行业一直处于工业变革的中心，为经济发展注入了强大的动力。汽车行业不仅给价值链的演化和供应链的全球化带来了深刻的影响，而且是包括精益制造在内的许多先进管理理念的摇篮。

然而，在过去的几十年间，随着新经济逐渐成为全球关注的焦点，汽车行业的光环似乎正在褪去。这并不奇怪，因为在过去的 100 多年里，人们的驾驶行为似乎并没有太大的改变。21 世纪初期生产的大多数汽车与 20 世纪 70 年代生产的汽车并没有明显的区别，车辆的销售和使用方式差别也不大。直到近些年，新能源汽车的出现才再一次为汽车行业注入了活力。汽车行业及投资者们越来越关注新能源汽车的未来发展，如自动驾驶和车联网等。未来 10 年，汽车行业发生的变革可能将超越这个行业在过去半个世纪发生的改变。

6.1　我国汽车新车和后市场的发展现状及面临的挑战

20 多年来，得益于经济的高速发展及人口红利，我国已成为全球最大的新车市场。到 2020 年，我国汽车销量已连续 12 年排名全球第一。2021 年新车销量超过 2600 万辆。根据《国务院办公厅关于印发新能源汽车产业发展规划（2021—2035 年）的通知》了解到，到 2025 年，新车销量的 20% 左右将来自新能源汽车。同时，我国即将成为全球汽车保有量最大的市场。截至 2021 年 6 月，我国机动车保有量达 3.84 亿辆，其中汽车达 2.92 亿辆。

近年来，移动互联网的普及和数字技术的发展推动了汽车行业的变革，例如人们在购车前会在线上了解车辆的相关信息，车辆出现故障时会在移动端查找就近的维修厂等，这些都迫使汽车经销商、汽车维修站改变传统"坐等顾客上门"的服务模式，转向通过基于数字技术的创新构建更为主动的服务模式。与其他行业一样，科技创新能为汽车行业开拓新的增长点，解决行业的痛点。从乘用车车主的角度来看，他们希望这些新技术能给他们带来更好的体验；从商用车队的角度来看，它们希望这些新技术能为它们带来更加丰厚的利润。

6.1.1　新车市场

目前，新车销售仍是大多数汽车制造商收入的主要来源。在数字化时代，制造商在汽车销售中面临的挑战包括以下几个方面。

（1）如何有效把握消费者需求。

在需求侧，"Z世代"消费者的入场，使得车辆定制化需求不断增多。各类线上渠道和平台大量涌现，为用户深入了解汽车提供了便利，同时消费者在线上的各种活动也产生了大量的数据足迹。尽管这些数据足迹往往颇具价值，但是大多数汽车制造商尚不具备从中提取有价值的信息的能力。

（2）如何为消费者提供连续的体验。

目前越来越多的汽车制造商已开始进行线上营销甚至交易，但消费者购买汽车要经历一个复杂的决策过程，4S店依然是汽车销售的主战场。一项调查显示，超过50%的消费者下单购车前至少会两次到访实体店。但需要注意的是，这些到访实体店的消费者在到店前可能已经在网络上对汽车做了大量的研究，甚至已参与了某些专题讨论。这就出现了一个颇为有趣的现象，汽车经销商可能早已结识了这些"熟悉的陌生人"，并与他们进行了充分的互动。但是，怎样才能利用线上获取的信息赋能实体店内的销售人员，帮助他们基于已有信息进一步增强与消费者的互动，充分利用消费者短暂的店内停留时间推进销售的进程，怎样为消费者提供从线上延续到线下的连续体验，从而提升转化率，是汽车制造商及其销售网络要解决的问题。

（3）如何提升一线销售人员的整体实力。

多次搜集信息并实地考察后，消费者考虑去4S店购买汽车，但他们似乎对汽车的某些部分还不太满意，其结果是他们有可能还是会离开4S店再"想一想"。在这种时候，销售人员是否可以提供一些帮助，以缩短消费者的决策过程？能否借助一些工具让消费者进行个性化设计，并迅速呈现他们心中的完美汽车？或者，销售人员是否能为消费者提供即时的报价，甚至更进一步，创造一些追加销售的机会？踢好这"临门一脚"将使最终结果发生决定性的改变。对一名经验丰富的销售人员来说，做到这些也许并不难，但对销售新手来说，这无疑充满了挑战。

6.1.2　汽车后市场

国内汽车后市场规模巨大，但目前对这个市场的开发还远远不够。汽车后市场主要包括以下几个板块。

（1）维修服务。

汽车的售后维修是令许多车主头疼的问题之一。通常，4S 店的维修费用较高，路边维修点价格虽低，但维修质量难以保障。此外，维修时间长、缺少零配件等问题也会给消费者特别是商用车车主带来不便。无论是乘用车车主还是商用车车主，他们对汽车维修服务的要求都越来越高，根据德勤公布的数据，我国汽车维修保养市场规模约为 9300 亿元。汽车制造商们希望进入这个市场，但其中所牵扯的服务网络管理、零配件物流及品质管理等诸多复杂问题令他们望而却步。

（2）保险服务。

汽车保险是汽车后市场的一个主要组成部分。汽车保险行业经过长足的发展，形成了比较完善的市场。目前仍存在的问题包括：对车主而言，保险定价和服务范围不够清楚，理赔流程繁杂、过程漫长；对保险公司来讲，它们也同样被铺天盖地的文件，以及烦琐的内外部流程困扰。此外，保险市场的竞争日趋激烈，客户对保险服务的诉求不断升级，他们要求尽可能简便地获得从理赔到汽车维修的完整服务。这促使保险公司，尤其是中小型保险公司尽其所能地满足客户的需求，以应对不断加剧的竞争。

（3）商业化运营。

根据全球权威研究咨询机构埃信华迈（IHS Markit）2022 年发布的《中国自动驾驶市场和未来出行市场展望》，2030 年，中国共享出行市场的市场规模将达到 2.25 万亿元，复合增长率为 20% ～ 28%。尽管汽车制造商都希望在这个领域分得"一杯羹"，但一方面他们缺少运营经验和流量，另一方面他们受限于自身品牌，想要直接与共享出行的主流平台竞争是不现实的。怎样才能发挥自身独特的优势和市场地位以进军这个领域？应该在哪个细分市场发力？怎样依托现有存量市场实现创新？这些问题都值得汽车制造商深入思考。

6.2 汽车行业的数字化进程

近年来，我国汽车行业的发展令人惊叹。包括 C2M、车联网、自动驾驶、共享经济在内的各种新技术、新模式的广泛应用，将在未来 10 年全面推动汽车行业在制造、销售、服务、运营等各个环节的转型，并为汽车制造企业带来前所未有的发展机遇。本节将关注的重点聚焦于数字化给汽车行业带来的影响，而避开对汽车领域专业技术（如什么是 5 级自动驾驶等）的讨论。下面将介绍汽车行业产业链关键环节的数字化应用。

6.2.1 汽车行业产业链关键环节的数字化

随着消费者购车过程从线下转向线上和线下的融合，以及对汽车个性化、定制化需求的增加，汽车制造商已逐步在汽车的销售和生产环节采用数字技术，以加深对消费者的了解，增强与消费者的互动，实现从以产品为中心到以消费者需求为中心的转变。在将新技术融入汽车产业链前端的同时，不少汽车制造商已开始尝试在汽车后市场引入新技术、新理念，一方面通过提供更为便捷、高效、高质量的服务，不断提升消费者体验，另一方面借助创新，持续挖掘汽车后市场的利润空间，积极探索新服务、新模式，不断夯实自身的竞争力。具体来讲，汽车行业产业链关键环节包括销售、生产、服务、保险和运营5 个环节，如图 6-1 所示。

图 6-1　汽车行业产业链关键环节

（1）打造良好的全渠道购车体验。

O2O（Online-to-Offline，线上到线下）已不再是一个新概念，它最早出现在零售领域，目前已被各行业广泛采用。良好的 O2O 运营以打造最佳消费者体验为目标，杜绝过度营销。为此，营销人员和企业正在尝试采用多种数字化手段，如基于自然语言处理（Natural Language Processing，NLP）技术的智能客服等，捕捉消费者的行为与情绪数据，借助先进的分析技术对这些数据进行分析，准确地判断出他们可能对哪款车感兴趣、感兴趣的程度，甚至此时此刻的关注点等，最终实现只选择在消费者最想了解汽车时向他们推送最能满足他们需求的信息。此外，还需要建立一个可以对所有线上、线下交互数据进行分析的统一的营销平台，帮助销售人员（无论经验是否丰富）有效识别消费者，并为消费者提供需要的信息，帮助消费者做出购买决策。

（2）将消费端与生产端打通。

在包括汽车行业在内的越来越多的行业中，消费者开始定义他们想要的产品，并交给制造商进行生产。汽车制造商首先需要解决设计问题。他们利用新技术通过所有渠道（如社交媒体、物流和服务网络、车联网等）收集消费者反馈，并将这些反馈应用于汽车设计（包括汽车的升级和改款）中。新技术可以帮助制造商在短时间内建立起更为精准的洞察，并在整个设计周期内提供反馈。此外，汽车制造商还需要解决弹性制造的问题，更加敏捷、高效地处理个性化订单。这需要柔性生产线、灵活的生产计划和供应链，以及弹性的供应商管理等来应对。

（3）提供基于车联网的智慧服务。

如今很多车都搭载了车载电脑，厂家可通过安装在车上的成百上千个传感器监控整车的运转状态。目前，这些信息主要为车间技术人员的故障诊断提供支持。未来，通过采用更多的智能设备（如人车交互设备及能与更多终端相连接的车联网系统），更多的应用场景和商业模式将被解锁。驾驶员和商用车队管理者可对车辆进行可视化的预测性维护和远程诊断，并通过云技术接入维修商网络，为车主提供更为快捷的服务。消费者则可通过车联网，享受到更为丰富和高价值的出行体验。随着 AI、5G 等技术的发展及应用，车联网大数据的边缘计算能力将得到进一步提升，最终实现自动驾驶、智慧交通等场景。

（4）建立起基于 AI 的汽车保险。

AI 将被应用在汽车保险的方方面面。AI 可以根据驾驶员驾驶行为和汽车的状况对保险进行定价，提供个性化保险产品。AI 图像识别技术将被广泛应用于车险理赔流程，协助保险公司对事故进行分析、处理。保险公司将可以自动处理大量小微理赔案件，提高理赔效率，并基于持续的数据积累，更准确地预估赔付金额，不断优化内部流程，实现降本增效。而用户将享受到更短的处理周期、无纸化的流程，以及全方位的一站式维修服务。

（5）实现智慧化车队运营管理。

近年来，越来越多的商用车制造商开始制造新能源汽车或更加关注环保议题。它们将提升效率这一理念深入贯彻到油耗、路径规划、预测性维护、电池维护等各个运营环节。越来越多的商用车安装了车载传感器，对汽车本身及汽车运输情况进行动态监控，并广泛采用包括运输管理系统（Transportation Management System，TMS）在内的各种综合管理系统，帮助车队管理者在综合考虑天气、路况、成本等多种复杂因素的基础上对运输任务进行最优规划，通过透明化、可视化的运输过程管理，不断提升运营质量。此外，在各种软硬件新技术的加持下，汽车制造商将更充分地发挥其在汽车维护、供应链管理等方面的独有优势，在商用车的运营和服务中扮演新的角色。

6.2.2 从最佳实践到汽车行业领军者的跨越

随着数字技术在汽车行业产业链各环节的应用，我们可以感受到汽车领域的数字化变革已经开始，作为这个市场主角的汽车制造商将始终处于这场数字化变革的中心。在过去的几十年中，无论是在全球其他国家或地区还是在中国，SAP 始终通过持续提供不断创新的数字化、智能化解决方案助力梅赛德斯 - 奔驰、宝马、上汽、中国重汽、奇瑞等众多国内外汽车制造商加速实现数字化转型。基于实践经验，本节对汽车行业当下的最佳实践，以及要实现从最佳实践到行业领先的跨越需采取的做法进行了总结（见表 6-1）。

表 6-1 实现从最佳实践到行业领先的跨越

进程	销售	生产	服务	保险	运营
最佳实践	精准营销，全渠道销售	定制化订单	一般后市场服务	可在移动端处理的理赔流程	智慧化运营中心
行业领先	基于场景的市场营销，多渠道、多模式的 AI 应用	基于市场数据分析的洞察和设计，实现灵活、高效的 C2M	预测性维护、准时生产（Just-In-Time，JIT）服务网络与车联网的集成	个性化保险，即基于 AI 保险理赔和无纸化流程的完整的保险—维修一站式服务	由车联网驱动的智慧化车队管理，优化服务水平

我国的汽车行业已经成为全球汽车行业的重要组成部分。同时，经济的快速发展也使我国成为全球最大的汽车市场。汽车已经成为人们生活中不可或缺的一部分，为满足消费者对汽车的多样化需求，汽车制造商正逐步从单

纯的汽车制造商转型为"汽车制造 + 服务商"。近年来，以互联网、大数据、云计算、AI 等新技术为代表的新一轮科技革命的兴起，推动了汽车制造商的角色转换，促成了不少创新实践。例如，随着消费者越来越倚重线上信息来做出购车决策，几乎所有的汽车经销商都开始使用数字化工具进行线上精准营销和线上、线下相结合的全渠道销售；在生产中，许多汽车制造商开始采用柔性生产模式以高效完成越来越多的定制化订单；随着各种智能终端的普及，不少保险公司推出可供车主在移动端处理车险理赔事宜的 App 等。但同时，某些方面（如汽车维修服务、商用车的运营管理等）的数字化能力还有待大幅提升。

当下，几乎每个汽车制造商都已开始拥抱科技创新，投入实践，但要在汽车市场激烈的竞争中胜出，赢得消费者的青睐，则需要构建领跑创新的差异化优势。近年来，越来越多的初创企业步入这个领域，它们带来了一系列针对汽车行业产业链不同环节的创新技术和解决方案。在汽车销售环节，借助由初创企业提供的多渠道、多模式的 AI 应用，汽车制造商或经销商可动态了解消费者的需求，在他们最想了解汽车的时候向他们推送最需要的汽车信息，在改善消费者体验的同时提高市场营销的效率；在汽车维修服务环节，借助初创企业提供的车联网技术，汽车制造商可准确预测并判断汽车的维护需求，同时结合高效的供应链和服务网络管理，确保维修站点为消费者提供更及时、高效、高质量的维修服务，还可以更有效地管理其维修服务网络，最终成功开拓后市场，树立自身"服务商"角色，创造更高收益。

实际上，汽车行业的创新并不局限于销售、生产、服务、保险和运营这 5 个方面。虽然汽车制造商可能无法在每个方面都处于领先地位，但它们将始终处于这场数字化变革的中心。此外，可以看到，汽车的电动化、网联化、智能化、共享化趋势，以及新能源汽车的强势崛起，使得汽车行业不断加速与科技的融合。很多大型的互联网科技企业及新兴的"独角兽"企业已涌入这个市场，如百度推出车联网操作系统，阿里巴巴、腾讯推出车载应用平台、车载娱乐信息系统等，以及共享出行及共享货运等服务的出现，汽车行业的竞争正在不断加剧。在此，我们谨将 SAP 在全球的最佳实践中取得的经验和知识与面向汽车领域的创新技术进行融合，助力汽车行业客户以最短路径实现行业领先的创新，与他们共同谱写我国汽车行业的未来。

6.3 新型的创新模式面向汽车行业打造的联合创新方案

本节将介绍两个 SAP 与初创企业共同打造的创新案例。第一个案例是帮助汽车制造商开拓汽车后市场。我们选取了商用车后市场作为切入点，借助初创企业提供的基于车联网的智能远程诊断功能，与覆盖汽车服务中心网络的供应链管理系统结合，成功培育起面向商用车的新型服务能力，成功开拓新的业务增长点。在第二个案例中，我们将探讨处于变革中的汽车行业新零售、汽车经销商在提升消费者全渠道购车体验的过程中面临的挑战，以及经销商如何利用 AI、NLP 等新技术增进对消费者需求的了解，为消费者提供良好的个性化购车体验，加速销售转化。

6.3.1 案例 5——远程诊断、弹性供应链及商用车后市场

商用车市场是汽车市场的重要组成部分。仅在 2020 年 11 月，我国商用车销量就达 47.2 万辆，其中重型、轻型货车销量均刷新当月的历史最高纪录。同时，随着"新基建"战略的逐步落实和推进，全国各地基建项目陆续开工，公路货运周转量持续攀升，商用车的需求和使用频率不断增长。与乘用车不同的是，商用车的购买方重视的是资产的回报率，他们需要通过运营商用车或车队来取得收入，同时，他们也需要管理商用车或车队的运营成本来提高资产回报率。这就给汽车制造商带来了巨大的商用车后市场发展机遇。

可以预见，在不断增加的商用车保有量和新车销售量的共同驱动下，商用车后市场将迎来高速发展。据中汽协公布的数据，2018 年，整个商用车后市场规模已接近 7000 亿元。到 2023 年，整个商用车后市场将超过万亿元规模。对正在探索新增长点的汽车制造商而言，商用车后市场蕴藏着无限商机。

1. 汽车制造商在商用车后市场面临的新挑战

汽车制造商要想在这个万亿级市场分得一杯羹，并不是一件容易的事情。一直以来，绝大多数国内汽车制造商的收入主要来自新车销售，后市场服务收入在总收入中的占比远低于国际同行。以沃尔沃卡车为例，其服务收入占到全部收入的四分之一，而国内厂商这一比例仅为十分之一，甚至更低。在商用车后市场中，汽车制造商过度依赖渠道和地方服务商——尽管它们的效率并不高。这主要有以下几个原因。

（1）缺乏对售出车辆运行状态的了解。

通常，车辆一旦售出，汽车制造商就基本失去了与其的联系。只有当车辆发生事故或例行保养时，它们才有可能通过渠道再次接触车辆并对其进行维护。并且在这个过程中，它们不会直接接触消费者，只会间接提供配件等。这种被动式管理方式，使汽车制造商难以发挥其规模优势。实际上，不仅是汽车制造商，车队管理者也面临同样的问题。由于不了解车辆运行状态，为了保持车辆的高可用性，车队往往会对车辆进行"过度保养"，从而造成浪费。

（2）由高服务水平带来的高成本。

汽车零部件通常较为昂贵，由于无法预知车辆在何时、何处发生故障，为了保持一定的服务水准，服务提供商不得不储备大量零部件，导致库存费用居高不下。同样，当汽车制造商进入后市场时，也会面临零部件"占用"大量资金的问题。

（3）后市场服务网络尚未实现互联互通。

汽车制造商希望将服务扩展到所有消费者，并通过授权更多优质的第三方维修站快速拓展后市场服务网络。在车辆保修期内，消费者可以到授权维修站进行维修，维修费用由汽车制造商支付。这种"喂单"的方式使授权维修站"旱涝保收"，因此运营者愿意加盟。然而，在保修期之外，消费者和授权维修站则更乐于开发自己的关系网，使用更便宜的第三方零部件，撇开汽车制造商进行交易。其结果是，汽车制造商失去对授权维修站和客户的控制。

2. 观点分享——利用准确的故障感知、弹性供应链和高效的服务网络构建起服务商用车后市场的差异化优势

汽车制造商要进军后市场，需要思考的关键问题是，它们能为消费者及授权维修站带来什么样的额外价值。我们认为，在诸多的可能性中，有一个特别值得汽车制造商深入发掘的细分市场，即商用车后市场。与乘用车不同，商用车运营的特质决定了保证车辆的高可用性和服务水平是实现其利益最大化的关键。因此，商用车队更愿意投资新技术以提高车辆可用性及服务水平。汽车制造商应构建起以下 3 项能力，打造面向商用车后市场的服务产品。

（1）提供一站式预测性维护体验。

汽车制造商在了解车况方面有着得天独厚的优势，它们可以通过传感器和车联网技术监测车辆的运行状态。当检测出车辆的早期故障时，它们可以对故障进行远程诊断，确定可能涉及的问题零部件，制定相应的干预措施。这些信息可以为驾驶员和车队管理者提供无忧体验，并及时发现问题，甚至避免较大故障的出现。

（2）打造动态供应链管理。

通过对车辆的预测性维护，汽车制造商可以逐步建立商用车服务需求的预测模型。依靠这些模型，它们就能够对区域中心和服务商网络的库存、物流和

人员等进行更好的规划。这可以有效地降低各区域中心汽车零部件的库存成本，以合理的成本持续为区域内的商用车客户提供高水准的服务。

（3）延展售后服务网络。

一方面，延展后的服务网络可以有效提升对商用车客户的服务水平，使商用车队和驾驶员能够更方便地获得所需服务。另一方面，汽车制造商可以帮助维修站有效降低库存管理成本，并且进行导流，将维修任务导入授权维修站。汽车制造商还可以充分发挥其供应链管理能力，协助维修站管理好零部件和技师资源，从而进一步减少商用车维修服务的等待时间。这将为服务网络和消费者创造巨大的价值。

3. 新方案的探讨

我们与一家新兴科技企业共同开发了一个新的解决方案。该企业为商用车提供整车故障诊修服务，其研发的基于车载自诊断系统（On-Board Diagnostics，OBD）和远程信息处理器（Telematics BOX，T-BOX）的远程诊断设备，可以帮助驾驶员、车队管理者及汽车制造商远程发现车辆故障，并判断出现问题的零部件。此外，利用其开发的车辆维修 App，车主和驾驶员还可以就近查找维修点，并预约维修服务。在这些新技术的基础上，SAP 的智慧解决方案从以下两个方面进一步增强了初创企业的创新起到的作用。

（1）优化库存管理。

SAP 帮助汽车制造商通过建立模型来预估区域中心辐射范围内的车辆维修需求，管理并优化区域仓库/零部件中心的库存，从而达到既满足区域内各家维修站的车辆维修需求，又降低零部件库存成本的目的。

（2）帮助维修站提升维修服务水平。

一旦驾驶员或车队通过初创企业的系统申请维修请求，SAP 就可以根据该系统对车辆的早期故障进行诊断，为其提供事故地点附近维修站技师和零部件的信息以供选择。根据对方的选择，SAP 将提前通知维修站进行准备，调派物资和人手。这将有效缩短维修时长。在将初创企业提供的创新与 SAP 的智慧解决方案进行融合后，我们为汽车制造商构建了联合创新方案，帮助汽车制造商成功开拓商用车后市场。

（1）预测和识别车辆故障。

预测和识别车辆故障是一项 7×24 小时的实时服务。该服务通过 OBD 和 T-BOX 对车辆进行监测，并将车辆的实时运行数据回传给汽车制造商，通过 SAP 的预测性维护服务对这些数据进行分析。汽车制造商会通过监测数据的变化，利用模型识别潜在故障。随着数据和经验的持续积累，汽车制造商可以进一步建立起基于汽车型号的故障诊断知识库。

（2）通过对维修服务网络的协调，提升车辆维修的服务水平。

当预测性维护系统检测到车辆可能出现的问题，将提示驾驶员或车队管理者问题的严重程度，并提示需对该汽车进行维修。当驾驶员或管理者确定提出维修需求时，系统将检查服务网络和区域库存中心是否可提供维修所需的零部件，并根据汽车所处位置向驾驶员或车队管理者推荐最佳的维修站。驾驶员或车队管理者做出选择后，选定的维修站会收到订单和包括潜在故障描述在内的相关信息，并着手准备相关工作。

（3）优化零部件库存水平。

随着业务的不断开展，SAP 将根据区域内汽车零部件的历史需求做出预测，并对区域中心的库存水平进行分析，分析结果将进入 SAP 数字供应链管理系统，帮助汽车制造商制定库存策略，并协助其在未来的需求和库存水平间寻求平衡。

图 6-2 总结了本案例联合创新方案给商用车后市场带来的改变，包括预测和识别车辆故障、车辆维修、零部件库存管理 3 个关键场景。

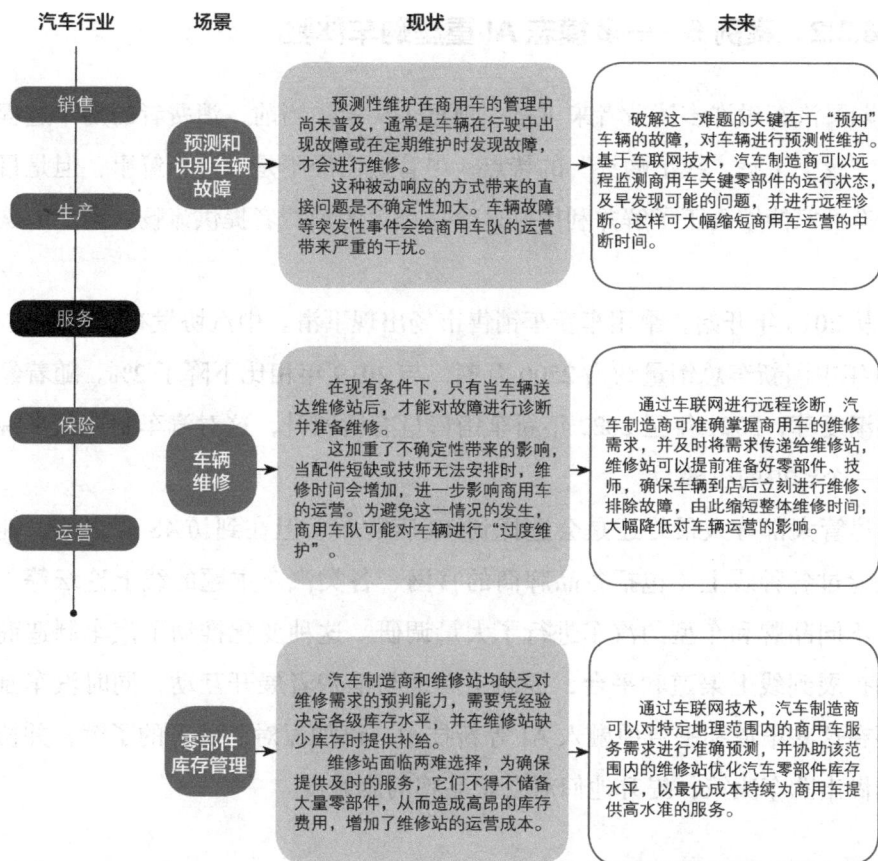

图6-2　联合创新方案给商用车后市场带来的改变

4. 商用车后市场展望

商用车后市场的增长将吸引越来越多的汽车制造商进入汽车后市场。正如我们在本案例中所呈现的车辆维修场景，未来的车联网将能够让驾驶员或车队的管理者实时掌握车辆或车队的状态，并预知车辆会出现哪些问题。一旦发生或预测到可能出现的故障，他们可以迅速获取能够提供快速维修服务的维修站信息。汽车制造商应以驾驶员、车队管理者和维修站为中心提供完整、顺畅的服务体验，从而在这个收益丰厚的市场抓住更多的商机。

6.3.2 案例6——多模态 AI 重塑购车体验

购买汽车对许多消费者来讲是一项重大决策。当前，消费者的购车过程呈现出"线上了解，线下购买"的特点。尽管这已经不是一件新鲜事，但是目前很少有商家能够真正了解并利用好这个过程，为消费者提供流畅、连贯的购物体验。

从 2018 年开始，乘用车新车销售市场出现下滑。中汽协发布的数据显示，2020 年中国新车总销量约为 2500 万辆，与 2019 年相比下降了 2%。随着经济的逐渐复苏，2021 年至 2022 年新车销售量有所回升，这对汽车制造商来说显然是一个难得的机遇。

尽管大部分人最终还是会选择到 4S 店购车，但在到访 4S 店之前，他们已经通过各种线上（包括各品牌商的官网、各类汽车主题的线上论坛等）渠道对不同品牌和车型的汽车进行了大量调研。这种变化推动了汽车制造商将营销扩展到线上渠道和平台，提前主动地与消费者展开互动，同时汽车制造商还在这些渠道和平台中融入 AI 等新技术，以加深对消费者的了解，并协助他们做出购车决策，提升他们对自家品牌的忠诚度。

1．汽车经销商面临的新挑战

将销售渠道延展到线上不仅增强了汽车制造商品牌形象的影响力，也使得它们与潜在客户的互动成为可能，但销售仍然需要经销商网络来完成。传统的 4S 店目前依然是购车的主流渠道，4S 店的销售团队仍是售车的主力军。如果不能相应增强销售团队与线上营销的配合，线上营销活动创造的价值就会大打折扣。当下，4S 店面临以下几个方面的挑战。

（1）如何汲取线上信息以快速了解消费者。

如前所述，到访 4S 店前，消费者通常会对市场做大量调研。在这个过程中，他们很可能已通过不同的渠道与多家经销商接触，在多个第三方平台上进行了交流，并形成了个人观点或个性化需求。对4S店而言，这些信息完全是个"黑盒"。这种信息的不对称使得4S店的销售人员在第一次面对消费者时，无法得知消费者已经掌握的信息，因而难以针对面前潜在的购买者制订合适的销售策略。这位消费者是不是一位懂车的行家，对品牌和车型有怎样的偏好，预算大概是多少，他们都无从得知。

（2）如何消除销售人员个体差异，提供一致性消费者体验。

即使在经销商的层面利用智能系统构建起对消费者的智能化管理，让销售人员对消费者有了较为深入的了解，但如何在4S店等销售场景中为消费者提供连贯的体验仍然是个挑战。首先，当消费者到店时，销售人员需要能够有效识别出他的身份。其次，销售人员的能力参差不齐，缺乏经验的销售人员即使掌握了消费者的偏好，也未必能展开有针对性的沟通。最后，消费者可能多次到店考察后才会下单，可能会遇到不同的销售人员。这些都为与消费者保持持续且一致性的沟通带来了挑战。

（3）如何提升定制化水平，加速消费者购车决策过程。

经过反复的沟通，消费者最终准备购车。然而经常出现的情况是，他们可能还想对汽车进行某些定制，或者还想协商一些附加选项或折扣。这是个关键的时间点，如果不能妥善处理这些需求，锚定交易，迅速帮助消费者做出决定，可能就会造成机会的流失。在满足消费者多样化需求的同时，如何能够迅速灵活地生成最终的报价和合同选项，推动消费者完成"临门一脚"，也是一项挑战。

2. 观点分享——利用对消费者购车需求全面且深入的洞察，以及数字化工具赋能销售团队，提升销售转化率

构建真正以消费者为中心的体验是成功销售的关键，这一点对于汽车的销售尤为重要。汽车经销商需要以消费者为核心来构建线上和线下运营流程。在技术上，需要做到以每一个消费者为服务的基本单位，利用数字化工具将

各个渠道连接起来。一方面将信息进行汇总，精准描绘出每个消费者的 360°画像。另一方面，需要将这些信息有效传递给一线销售人员，并帮助他们与消费者展开能满足消费者隐私保护需要的高效沟通。具体实现过程包含以下 3 个方面。

（1）充分利用多模态 AI 技术展开分析。

大数据的应用使得捕捉消费者信息不再是一件难事。互联网平台和零售商已经给消费者贴上了无数的标签。厂商需要关注的是如何将这些标签进行针对性处理，将从不同渠道获取的数据串联起来，并根据特定的目标选取其中有用的部分（做减法），尽可能准确地构建起消费者画像，并提供有针对性的指导意见。同时，无论是在收集这些消费者信息，还是在对这些信息进行反馈时，不能给消费者带去任何不适感。在这里就需要使多模态 AI 与前线人员相互配合。多模态 AI 将分析从每一个渠道获取的大量信息，并进行比对，从而得出结论和建议。这些结论和建议将用来协助一线销售人员与消费者进行良好的互动，从而帮助他们了解消费者。

（2）赋能销售团队。

如果基于消费者数据形成的认知无法赋能销售团队与消费者进行有效的沟通，这些信息就失去了价值。每个经销商都应创建一个顺畅的流程，帮助销售人员在消费者踏入门店的第一时间就认出他，并为每位销售人员提供指导，包括推送建议话术，以及根据消费者需求与消费者共同设计他们心仪的汽车，灵活提供报价，以加速销售转化。

（3）重视隐私保护。

随着世界各国越来越注重个人隐私和数据保护，销售人员在利用 AI 进行销售的过程中必须时刻遵守消费者隐私保护的相关法律法规。这需要企业建立一套健全的流程，确保在各渠道收集消费者信息合法合规，并在需要使用这些信息的时候取得相应的授权。

3．新方案的探讨

我们与一家提供多模态 AI 解决方案的初创企业开展了合作。这家企业专注于自然语言处理技术与视觉、图形、图像的结合，其开发的系统，在获得消费者许可的情况下，一方面可以帮助汽车经销商分析他们与消费者基于文本或音频在线互动的相关数据，另一方面也可以利用安装在经销商门店的智能视觉设备，基于自然语言处理技术和视觉分析与消费者进行线下互动。该系统可以非常有效地借助 AI 引擎和应用程序对消费者互动数据进行抓取，并判断出他们对汽车的喜好。SAP 在这个系统的基础上，将汽车经销商获取的数据转换为能够为汽车销售团队服务的解决方案。其中包含以下几个重要的方面。

（1）增强对消费者关系的管理，充分了解消费者。

SAP 将从各个渠道收集到的与消费者的互动信息系统性地记录下来，并形成完整的消费者画像。

（2）赋能销售人员，提升他们与消费者互动的能力。

根据这些画像，SAP 基于建立的知识库为销售团队提供话术建议，指导他们的工作。这样，即使消费者是第一次到访 4S 店，销售人员也能够根据这些建议，有的放矢地与他们进行交流和沟通，从而为他们提供更好的服务，帮助他们做出购车选择。在这个过程中，SAP 会严格根据消费者对数据的授权，给包括线下销售人员在内的其他渠道开放获得授权的信息。

（3）快速提供报价。

SAP 的 Callidus 系统可以帮助销售人员根据消费者的兴趣和需求定制购车方案，并提供报价。即使是经验不足的销售新手也可以通过平板电脑上的应用对车辆进行配置，并计算相应的价格，以满足消费者的需求。

（4）不断提升基于 AI 的判断能力。

SAP 的系统中记录了真实的交易数据，可以将交易是否成功的结论性数据反馈给初创企业的多模态 AI，这将帮助 AI 根据消费者最终的购买决定不断完善其判断和分析的准确性。

在将双方的技术与解决方案进行结合后，我们为汽车经销商提供了以下联合创新方案，帮助他们更好地为消费者提供个性化的购车体验。

我们的创新始于消费者的线上咨询过程。在汽车制造商或经销商的微信小程序中，初创企业开发的对话机器人可以与消费者进行在线对话。在这个过程中，系统将对数据进行处理，并记录消费者的兴趣点和情绪等信息。在对这些数据进行初步分析后，数据及分析结果将被上传到汽车制造商采用的 SAP 营销云（Marketing Cloud）和 SAP 电商云（Commerce Cloud），生成完整的消费者画像。

当消费者到访门店时，可以选择在接待处扫描二维码，注册他们的个人信息。如果这是一位"现有客户"，即他曾经通过微信等线上渠道与初创企业赋能的汽车制造商或经销商进行过互动，那么在经销商的客户数据库中就会留存基于这些互动信息建立起的该消费者的个人资料。根据这些个人资料，系统可将消费者可能的喜好及建议的话术传递给店内某一位销售人员，以便销售人员在消费者的整个购车过程中为其提供有针对性的服务。消费者在店内与销售人员的互动也可以进一步被记录下来，这包括销售人员自身的记录、语音分析，以及店内智能摄像头记录的信息，例如哪款车吸引了消费者更多的注意等。在不影响消费者体验的前提下，这些信息能够帮助销售人员和经销商进一步了解消费者的意向。

当消费者意愿明确，进入交易阶段的时候，销售人员可以在平板电脑上按照此前的讨论，生成一个最接近消费者意愿的定制化车型配置，并提供参考报价。这是一个可以交互的系统，方便销售人员与消费者在进一步沟通的基础上灵活进行更改，或进行推荐。最终，在确定配置和各种条件后，系统将同时生成订单，以方便进行现场确认及后台文件的准备。

图 6-3 总结了该联合创新方案给汽车经销商带来的改变，包括了解消费者、赋能销售人员与消费者互动，以及提供个性化报价 3 个关键场景。这些创新将有力推动汽车经销商向智能销售的转型。

汽车行业	场景	现状	未来
销售	了解消费者	当下消费者的购车过程已呈现"线上了解，线下购买"的特点。一些4S店开始采用数字化手段分析消费者的需求，对他们展开"线上+线下"的营销。目前的营销策略大多针对某类消费者，不能细化到每一位消费者。线上、线下收集的个体偏好仍然不能有效协同。	采用多模态AI技术，一方面，4S店可以利用AI（如对话机器人）与消费者进行更灵活的双向沟通；另一方面，可以通过安装在4S店的AI设备继续捕捉消费者互动信息，并将这些信息连接起来，形成完整的消费者画像。
生产 服务 保险 运营	赋能销售人员与消费者互动	数字化营销得到的消费者信息与线下销售流程往往是脱节的。销售人员完全依赖在店内与消费者的交流来了解他们的需求，进一步创造潜在销售机会。但销售人员在经验和能力方面存在很大差异，要想在消费者短暂的店内停留时间内展开有效的沟通并推动他们做出购买决策，并非易事。	精确到基于个人的画像可以助销售人员一臂之力。由于需求和画像精确到个人，4S店可以通过AI设备将对消费者需求的分析传递给销售人员，甚至提供话术建议，帮助每一位销售人员与消费者展开高效的沟通，加速消费者的购车过程。这也同时为消费者打造了线下与线上一致的体验。
	提供个性化报价	为消费者提供报价是一个复杂的过程，即便对经验丰富的销售人员来说，要做出一份既满足潜在客户个性化需求，又符合销售策略的报价，也是一件费时的事情。这带来了两个问题：其一是4S店为避免报价过分复杂，仅提供少量配置选项；其二是无法提供符合消费者预算的选择。	采用模块化报价解决方案，可以结合消费者的兴趣和需求，以及4S店销售策略，帮助销售人员快速形成符合消费者偏好的个性化报价，并按照消费者的需求进行调整，从而加速销售转化，实现营收最大化。

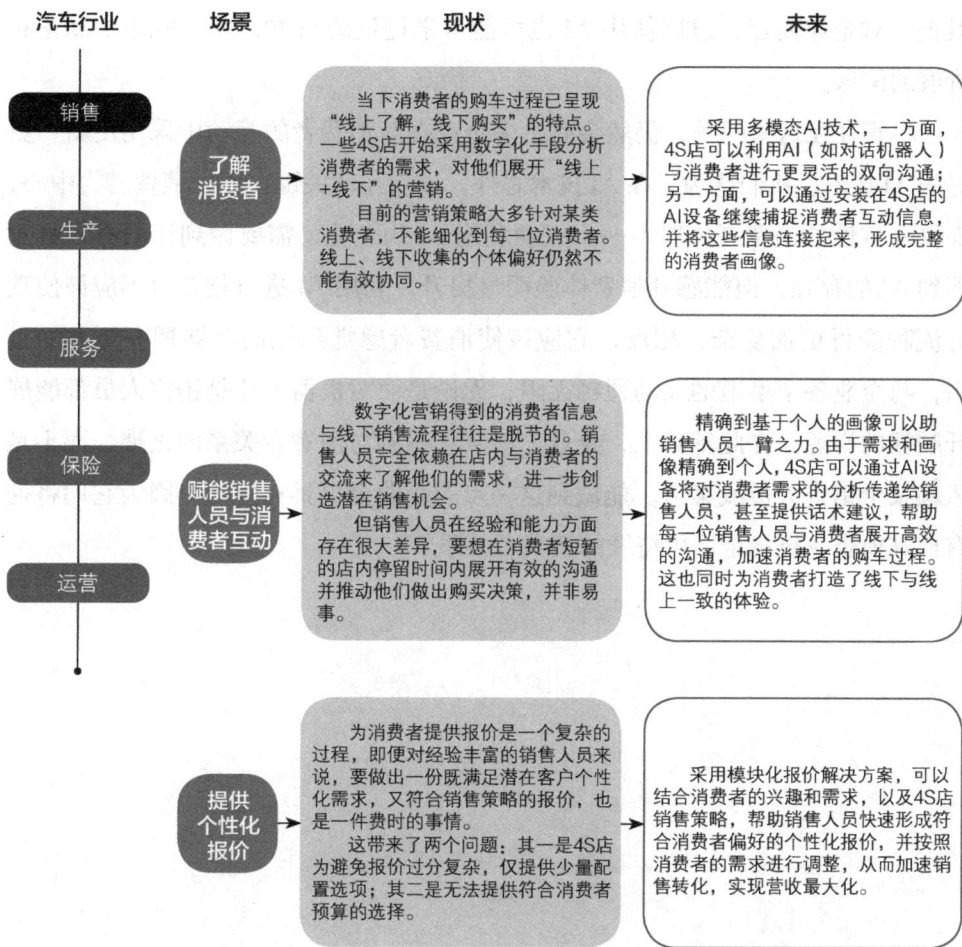

图6-3 联合创新方案给汽车经销商带来的改变

4. 采用AI技术与消费者互动的应用前景

今天，已有很多行业采用AI技术与消费者互动。较常见的应用场景包括市场营销及售后服务。但并非所有的AI系统都能为消费者带来良好的体验。消费者常常会感到，他们被迫提供了太多的信息，却不一定能获得良好的体验。很多时候，他们不得不与那些还不太"聪明"的系统打交道，这的确令人沮丧。对企业而言，过度使用 AI 也可能带来过量的数据，反而掩盖了真正有价值的信息。

尽管存在这些问题，仍然会有更多企业在与消费者的互动中采用更新、更好的 AI 技术。我们认为，在 AI 技术之外，成功互动关键在于以消费者为中心，提供一致性的消费者体验。一个成功利用 AI 的企业，需要做到让消费者察觉不到 AI 的存在，但能感到消费体验明显提升。利用 AI 进行创新也不应该使现有流程变得更加复杂，相反，它应该使消费者感觉到他们能够拥有更大的自由，与企业各个渠道的互动通畅无阻，无论是面对机器人还是销售人员都能展开顺畅的沟通。在此基础上，企业才能真正做到对消费者关系的把握，而不是依赖某个销售人员或渠道。能做到这一点的企业会更具竞争力，因为它们将拥有比其他企业更稳定、可持续的消费者关系。

第 7 章

电力及相关行业

电力及相关行业对国民经济的发展及国家安全有着重要的战略意义。对于任何一个国家，确保能源供应链的安全，以及能源的可持续发展都是国家发展的重要议程。进入 21 世纪，能源行业的重心逐渐从传统的化石能源转变为核能、风能、太阳能等新能源。在这个转变中，电能扮演了重要的中间角色。一开始，电能的出现主要是为了解决能源不易传输和直接使用的问题。今天，电能则更深入地与数字经济结合在一起。一方面，随着经济及人口的不断增长，人类对能源的依赖程度不断加深。特别是高速发展的数字经济，对电力及能源的供应产生了更大的需求。而另一方面，数字经济的发展反过来也能够给电力及能源的可持续发展提供助力。

7.1　我国电力及相关行业的发展现状及面临的挑战

根据 2020 年中华人民共和国国务院新闻办公室发布的《新时代的中国能源发展》白皮书统计，我国是全球最大的能源生产国和消费国，目前已基本形成了煤、油、气、电、核、新能源和可再生能源多轮驱动的能源生产体系。

尽管能源行业可能不像互联网或汽车行业那样"光鲜"，但近年来新能源、IoT、AI 等新技术的广泛应用为这个行业带来了有目共睹的变化。能源行业的变革始于能源结构的调整，以我国为例，我国从以煤炭为主，转向油、气、核全面发展，最近以风能、太阳能以及氢能源为代表的新能源也得到了较为广泛的应用。在这个过程中，电力扮演了重要的角色。电力生产、输送及用电企业（统称电力企业）加速采用数字和智能技术，不仅提高了自身的效率，增强了电力系统的安全性，而且改善了电力企业和最终用户的体验。一个典型的例子是，大多数家庭都已安装了智能电表。

与前面探讨的制造业和汽车行业类似，电力及相关行业的数字化转型同样带动了其产业链生产、输送和使用等环节的稳步转型。例如，在用电环节，出现了许多为大型能源用户提供综合管理服务的新型能源企业；在能源生产和输送环节，IoT 等新技术的广泛应用连接了大量的能源设备，实现了能源数据的实时获取，为制定基于数据的决策提供了基础。同时，在电力及相关行业的数字化、智能化不断推进的过程中，也产生了一系列前所未有的新挑战。

（1）能源供给结构日趋复杂。

电力可由其他能源转换而来，可能来自电网，也可能来自新能源。在能源消费侧，随着多种新能源在总能源消费中的占比不断增加，能源供给结构日趋复杂，如何对多种能源进行高效的综合管理成为一个新的挑战。以工业园区或工厂等耗能大户为例，它们可使用的电力来源已呈现多样化的特征。除了传统电网，这些耗能大户普遍开始安装利用风能、太阳能等各类新能源发电的设备。同时，相关政策也鼓励能源消费大户更多地使用这些新能源。但是，新能源体系的建设和维护耗资巨大，用户需要具有综合能源管理能力，以期在新能源的投入和产出之间实现最佳平衡。

（2）供电企业与用户间诞生了新型商业模式。

随着分布式新能源的普及，供电企业需要探索与用户合作的新型商业模式。供电企业与用户之间的关系已经从单向的供需关系转为双向互动的关系。它们不仅需要确保稳定、充足和安全的电力供应，还需要为那些计划将自家分布式发电接入大电网的用户提供支持。此外，供电企业还需要设计出最佳的购售方案并与用户进行有效的协调，更好地实现分布式新能源的普及，以助力达成碳中和目标。

（3）电力资产的管理不便。

目前，大量的电力设备（如输配电线等），以及许多的新能源发电厂都分布在交通不便的偏远地区。对这些设施及输电网络的定期维护、检修和管理十分不便。如何有效管理资产，确保以较低的成本保障高质量的能源供给，是这些电力企业面临的另一个挑战。

7.2　电力及相关行业的数字化进程

近年来，我国电力及相关行业的数字化进程令人振奋。IoT、智能传感器、AI 和智能管理系统等新技术的快速发展，不断改变着能源的生产、输配送、使用和管理的方式及服务模式。

7.2.1　电力及相关行业产业链关键环节的数字化

电力及相关行业的数字化主要聚焦在产业链的以下几个关键环节（见图 7-1），包括电力的生产与输送、资产管理、运营、服务与管理。

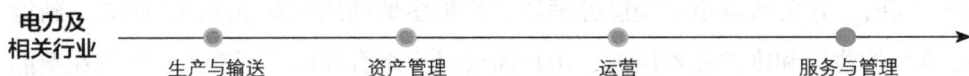

电力及
相关行业　　　　生产与输送　　　　资产管理　　　　运营　　　　服务与管理

图 7-1　电力及相关行业产业链关键环节

（1）生产与输送的分布式发展。

在电力的生产与输送环节，随着太阳能和风能在发电量中的占比不断增加，越来越多的企业，特别是电力消费大户，开始在本地建立分布式的发电系统，如分布式光伏发电系统、分布式风力发电系统等，并利用其发电能力建设"微电网"。在这个过程中，电力企业的角色也在发生变化，例如，用电企业不再只是单纯的能源消费者，而是转变为能源的"生产者 + 消费者"。用电企业角色的转变不仅有助于企业节约能耗，而且有助于提高传统集中式供电网络的稳定性。不少电力企业开始尝试采用数字化、智能化技术对分布式能源进行管理。在实践过程中，由于新能源（如光伏、风电等）发电量不稳定，一些基于 IoT、大数据和 AI 等技术的数字化监测设备及分析技术已开始在综合考虑各种环境因素的基础上，精准预测新能源的电能转化率、总供能量，以提高供能的稳定性。

（2）智能电力资产管理。

电力企业管理着大量资产，包括分布在世界上某些较偏远或交通不便地区的发电厂和配电网。这些企业及其服务部门需要运用基于 IoT 技术，并结合传感器、无人机等数字化、智能化设备的科学手段，而非仅仅依靠人力对其资产（如电网、管道等）进行检测、管理和维护，并建立基于经验和资产类型的数字模型，以提高资产管理的效率。

（3）对电力基础设施的运营。

电力企业将在未来的智慧城市中扮演重要的角色。它们通过"数字孪生"技术（即建立起与物理网络对应的虚拟网络），对城市中的电力、水力、燃气等基础设施进行智能化的运营管理。这些基础设施连接着每一位居民、每一户商家和每一座工厂。建立在 IoT 传感器和运营流程上的数字孪生系统将帮助能源和电力企业实时掌握基础设施运营的状态，利用预测性维护技术发现潜在的问题，合理调派人力、物力加快故障排除，最终为用户提供高水准的服务。

（4）综合能源的统筹管理。

大型用电企业角色的转变还需要它们具备根据可预见的能源供需对多种能源进行最佳协调和管理的能力，这既包括对能源供给侧的了解，也包括对能源消费侧的了解。当大型用电企业（例如炼油厂、化工和高科技制造企业）开始建立起自己的分布式发电系统时，它们需要采用先进的数字化能源数据采集工具和分析技术，根据短、中、长期生产计划预测能耗，在自有分布式发电系统与公共电网之间进行有效的供能协调，并逐步建立起能源供需模型，从而不断优化能源供需。

7.2.2 从最佳实践到电力及相关行业领军者的跨越

全球领先的电力企业正在以前所未有的速度推进行业创新和进步。在大型企业推进数字化转型的同时，由它们引领的产业链也随之进入持续的演化和升级。许多新兴企业与大型企业建立了深度合作的关系，推动这些大型企业更快地采用创新技术，加快它们利用新能源的步伐，协助它们提高运营效率，并为最终用户提供更优质的服务和体验。本节将从全球最佳实践中萃取的精华与中国市场的创新进行融合，对电力及相关行业当下的最佳实践和对未来发展进行了一些思考（见表 7-1），希望能为电力及相关企业成为行业创新的引领者提供借鉴。

表 7-1　实现从最佳实践到行业领先的跨越

进程	生产与输送	资产管理	运营	服务与管理
最佳实践	基于自动化和智能设备的传统能源生产与输送	系统的资产管理与规划	办公自动化和流程自动化	自动化流程，如电子计费系统、在线支付等
行业领先	与数字化的能源"生产者+消费者"协作的分布式供电网络	基于 IoT 的远程监控、智能诊断与预测性维护	数字孪生、智能诊断和统一的资源规划	综合电力管理服务，包括针对能源消费大户的本地电力生产、电网协作、能耗评估、成本优化等

为加速能源行业的转型与创新，我国先后出台了包括《能源发展战略行动计划（2014—2020 年）》《能源技术革命创新行动计划（2016—2030 年）》《能源生产和消费革命战略（2016—2030）》等在内的一系列文件，明确了能源行业数字化转型的方向、战略重点及路线图，这对电力及相关企业来说有重要意义。经过多年的尝试与努力，积累了一批优秀的实践。例如在电力生产和输配送环节，不少电力企业开始利用安装在发电及输电设施上的传感器，实时采集数据，并通过分析来监测和确定电网运行状态和健康水平。此外，大部分的电力企业都已在内部运营中实现了办公自动化和流程自动化，有效增强了内部运营管理及与多方合作伙伴间协同的效率。在面向最终用户的服务环节，根据电子计费系统自动生成的费用，用户通过手机上的 App 就可以"足不出户"地在线完成各种用能缴费。尽管新技术的应用已经开启了传统能源行业从生产到运营再到服务的数字化进程，但现有的应用还不足以支撑由能源结构多元化、服务模式综合化，以及新型商业模式的出现带来的深层次变革。

电力及相关企业要想在未来的发展中成功应对各种新挑战，始终处于行业领跑者的地位，不仅需要在生产与输送、资产管理、运营，以及服务与管理这几个重要环节加大对新技术的投入，奠定坚实的数字化基础，还需要着眼于行业的发展趋势，利用创新技术构建起领跑未来的能力。例如，随着能源消费者转型为能源的"生产者 + 消费者"，能源供给结构将日益复杂，供电企业需要借助数字化平台构建起与传统电网有效协同的分布式供电网络。对于高能耗的工业园区和用电企业，需要综合运用 IoT、数据分析、AI 等技术管理区域内的能源生产、电网协作、能耗评估、成本优化等，不断提升综合能源管理能力。此外，随着能源绿色、低碳转型的深入推进，光伏、风电等新能源设施数量将不断增加，电力企业将要管理数量庞大、结构复杂的设备资产，它们需要采用包括无人机在内的智能化巡检设备，基于 IoT 和数字孪生技术远程准确诊断和预测故障，利用数字化供应链对资源进行统筹规划，以大幅提升资源的管理效率，确保电力系统的安全性、稳定性。

为助力电力企业在产业链的各个关键环节构建起领跑创新的能力，我们与国内专注能源领域技术创新的优质初创企业展开了深入的探讨，并针对能源行业产业链的关键环节，打造了一些联合创新方案。

7.3 新型的创新模式面向能源行业打造的联合创新方案

本节将讲述 3 个案例，即为能源行业客户打造的 3 个联合创新方案。第一个案例主要面向炼油厂、化工厂等高耗能企业，介绍如何利用高精度传感器、数字孪生技术准确判别复杂配电网络中的故障，并与数字化资产管理系统结合，帮助这些企业提升对内部电网及电力资产的管理能力。第二个案例聚焦于新能源应用的主战场——工业园区，介绍如何将基于 AIoT 技术的电力资产管理解决方案，与园区内采用的生产管理系统及大数据分析平台结合，帮助园区管理者不断优化对多元化能源的规划和综合管理，实现降本增效，助力低碳环保目标的达成。第三个案例则重点关注对数量多、分布广、范围大的电力设施的管理，利用无人机、AI 图像识别技术等高效完成对分布广泛的电力设施的巡检，及时、准确地发现并识别故障，并在与后台数字化资产管理和调度系统结合后，帮助电力企业建立起对电力资产的全生命周期管理。

7.3.1　案例 7——高能耗企业的内部电网与电力资产管理

2021 年，全国工业用电量在全国用电量中的占比超过 66%，其中炼油厂、能源生产企业、化工厂及基础设施是电力消费大户。在本案例中，我们将阐述这些电力消费大户所面临的电力管理方面的挑战，并探讨如何借助新技术，帮助这些高能耗企业确保其内部电力供应持续、稳定、安全。

这些高能耗企业使用的电力通常主要来自传统电网。它们生产过程的关键在于非常稳定的电力供给，为此，它们需要妥善管理好企业生产园区内的电力传输网络，并按照不同的电力分配需求，向整个作业区甚至占地几千平米的工业园区配送电力。这些电力传输网络往往由复杂的设备设施和输电网络构成。同时，不少园区已率先采用新能源作为电力供应的补充。这种日趋多元化的电力结构、日益复杂的配电网络，大大增加了这些用电企业对内部电网和电力资产进行管理的难度。

1．电力资产管理面临的挑战

以油气田为例，油气田企业属于典型的大型能源消耗企业。其面积通常有数百甚至数千平方千米，其配电网络相当复杂，仅变电站就可能多达 20 ～ 30 个。通常，维护这样庞大的配电网络困难重重。尽管很多油气田已采用传感器来监测其作业和电力供给情况，但仍然有以下几个方面需要完善。

（1）检测小电流接地或漏电。

据统计，超过 80% 的配电网事故是由小电流接地或漏电引发的，这些小规模的漏电常常由风吹、树杈碰触、动物破坏或人工操作不当等导致。由于漏电量过于微弱或漏电时间极短，此类问题很难被一般的传感器发现。然而，这些小规模的漏电却有可能会造成极大的危害，特别是对于油气田，若不及时处理，很容易引发火灾甚至爆炸。

（2）快速定位故障，避免电力中断。

一旦电网出现问题，快速定位和排除故障就显得至关重要。传统的做法是采用分段排查的方法，即维修队通过临时拉分段开关、再试送电的方法进行故障选线和定位。这种方法非常耗时，且上下游非故障区段会经历短时停电，不仅会影响正常生产，还可能会引发其他安全问题或对设备造成不必要的损伤。

（3）精准高效地开展故障诊断、检修和预防。

现有的资产管理和维护流程非常复杂。维修人员需要反复进行故障诊断，多次前往现场勘查，以确定修复方案及可能需要的零部件。随后他们需要填写各种文件和表格，将问题记录下来，并准备和派发各种任务工单。在故障排除后，资产管理部门很难或者根本无法从事故中分析系统性的原因、汲取经验，进而针对全网制定有针对性的运维方案，避免类似问题的出现。

2．观点分享——提高电力资产和相关网络管理的透明度和预测性维护能力

资产管理者和维修工程师可以借助数字技术大幅提高电力资产和相关网络的管理透明度、运营效率和安全性。在管理电力资产和相关网络时，通过安装在设备和电网上的传感器，资产管理者和维修工程师可以搭建起数字孪生系统，进而运用智能化系统了解供电网络状况，发现并排除故障。这包含以下几个方面。

（1）使用高精度传感器对网络进行监测。

运用先进的传感器来精准捕捉和检测微小的电流干扰或波动。这些传感器采集的信号在真实电网结构中所处的位置，将被传送到数字孪生系统中。数字孪生系统会在模拟环境下对这些信号进行分析，从而减少微小电流对生产环境的影响。

（2）对电网运行进行远程诊断和模拟。

数字孪生系统保存了在输配电网正常工作的情况下，关键节点在特定负载下的标准读数。当高精度传感器收集的数据被传输到数字孪生系统中相应的位置时，系统自动将其与标准读数进行比对，并在出现异常的情况下报错。管理者和工程师不仅可以对各个数据节点进行分析，还可以基于对关联节点数据组的分析，通过在数字孪生系统上对关键零部件或线路的故障模拟，初步判断故障原因。这些初步判断将为现场勘查提供支持。

（3）基于系统的自我学习技术增强预测性维护能力。

数字孪生系统可以根据利用历史数据建立起的诊断模型为管理者和工程师初步判断故障提供帮助，如提示管理者和工程师可能出现故障的位置及故障类型。现场勘查结果则将形成有效反馈，有助于诊断模型进行自我修正和完善。此外，结合智能资产管理系统，管理者和工程师还可以进一步主动排查与故障相关的供应商提供的同批次零部件或设备可能存在的隐患。这种预测性维护能力将有效提高资产的使用效能和供应商服务水平。

3. 新方案的探讨

SAP 与一家智能电力系统管理企业合作开发了一个联合创新方案。该方案可以帮助大型生产企业利用先进的 IoT 技术、大数据分析和智能资产管理系统，更好地管理复杂的内部供电网络。这家初创企业提供的基于高精度传感器的解决方案，可以从电网中捕捉数据，并构建起相应的输电网络模型，以检测非常微弱的漏电并进行故障分析。我们将 SAP 资产管理系统连接到初创企业提供的电力解决方案中，实现了以下几个方面的提升。

（1）提升数据处理能力。

SAP HANA 内存计算平台的数据处理能力得到极大提升，可以高频次地处理从传感器获取的大量高精度数据，并对数据进行实时分析，以捕捉到非常细微的电力供应异常。

（2）将故障诊断结果连接到 SAP 资产管理系统。

SAP 资产管理系统将根据故障类型向维护人员呈现相关零部件及其库存量和技术人员等资源可用性的综合视图，安排相应的维修任务，进行流程跟踪，并根据维修结果对诊断进行反馈。

（3）改进故障诊断模型，并制订预防性维护计划。

借助 SAP 的分析和计算能力不断改进故障诊断模型。同时，通过资产管理系统，加强对特定供应商、特定批次零部件或特定物理区域的重点关注，排查源头等，并协助资产管理者更好地制订预防性维护计划。

针对大型用电企业在电力资产管理中面临的挑战，我们与初创企业就以下场景共同开发出了联合创新方案。

（1）解决电力中断检测中遇到的问题。

利用初创企业提供的多个高精度传感器对网络电流进行检测，并将结果传送到 SAP 数据库中进行分析。当出现故障时，初创企业的系统将发出预警，并利用其专业模型和知识库，为客户提供初步的问题诊断，以及维修可能涉及的零部件。

（2）对故障进行定位并维修。

SAP 资产管理系统对故障进行定位，并根据错误类型，生成维修作业流程，调配维修人员进行现场勘查，并完成维修任务。此外，该系统还将监测零部件的库存状态，确保及时为维修作业现场提供所需零部件和工具，提升维修人员一次性作业解决问题的能力。维修人员将在系统中记录他们的处理过程，并确认实际排除的故障，这些信息将反馈给初创企业的电力模型，以不断对模型进行调整，提高其判断的准确度。

（3）排查潜在问题，完善运维计划。

资产管理部门启动对潜在问题的排查，完善运维计划。这包括针对涉事供货商、涉事批次或年限的零部件的重点排查。排查结果将被自动记录在系统日志中。当故障频繁发生时，这些记录中涉及的零部件将被视为具有高风险性，系统将向相关维护人员发出警示。

图 7-2 总结了该联合创新方案给电网故障监测及维护管理带来的改变，包括配电网漏电检测、故障定位与维修和制订运维计划 3 个关键场景。

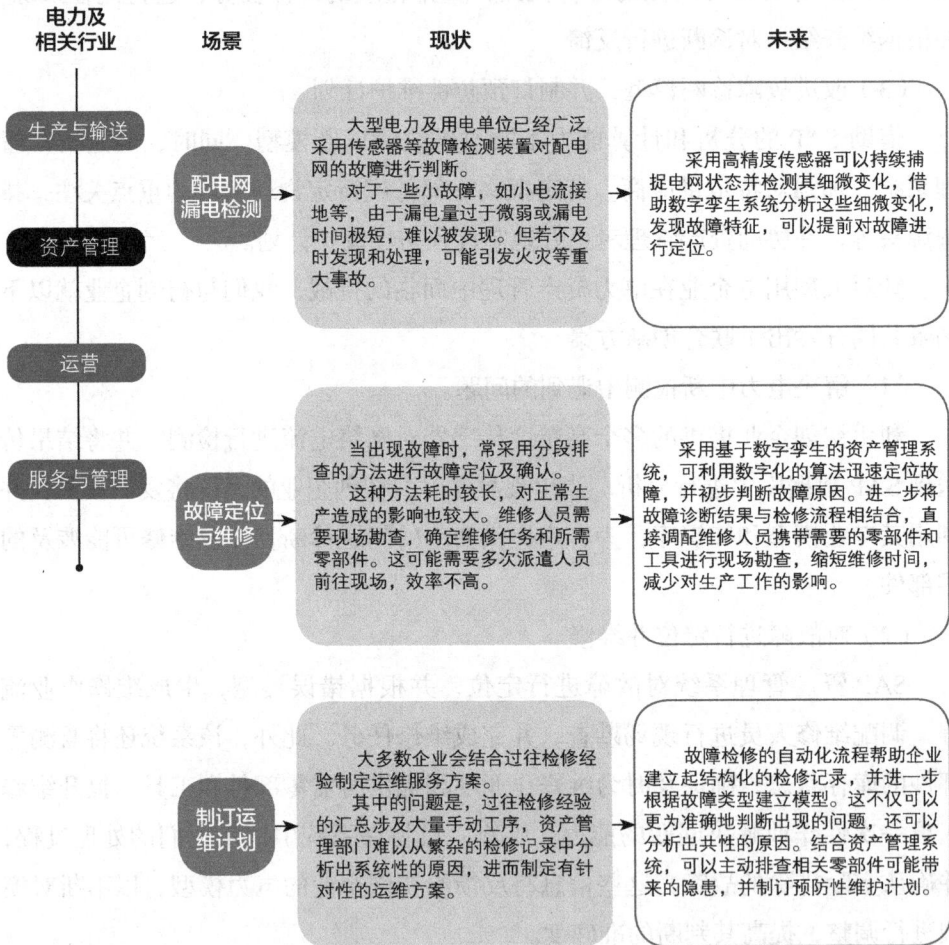

电力及相关行业	场景	现状	未来
生产与输送 资产管理 运营 服务与管理	配电网漏电检测	大型电力及用电单位已经广泛采用传感器等故障检测装置对配电网的故障进行判断。 对于一些小故障，如小电流接地等，由于漏电量过于微弱或漏电时间极短，难以被发现。但若不及时发现和处理，可能引发火灾等重大事故。	采用高精度传感器可以持续捕捉电网状态并检测其细微变化，借助数字孪生系统分析这些细微变化，发现故障特征，可以提前对故障进行定位。
	故障定位与维修	当出现故障时，常采用分段排查的方法进行故障定位及确认。 这种方法耗时较长，对正常生产造成的影响也较大。维修人员需要现场勘查，确定维修任务和所需零部件。这可能需要多次派遣人员前往现场，效率不高。	采用基于数字孪生的资产管理系统，可利用数字化的算法迅速定位故障，并初步判断故障原因。进一步将故障诊断结果与检修流程相结合，直接调配维修人员携带需要的零部件和工具进行现场勘查，缩短维修时间，减少对生产工作的影响。
	制订运维计划	大多数企业会结合过往检修经验制定运维服务方案。 其中的问题是，过往检修经验的汇总涉及大量手动工序，资产管理部门难以从繁杂的检修记录中分析出系统性的原因，进而制定有针对性的运维方案。	故障检修的自动化流程帮助企业建立起结构化的检修记录，并进一步根据故障类型建立模型。这不仅可以更为准确地判断出现的问题，还可以分析出共性的原因。结合资产管理系统，可以主动排查相关零部件可能带来的隐患，并制订预防性维护计划。

图 7-2　联合创新方案给电网故障监测及维护管理带来的改变

4．智能电力管理未来展望

大型工厂、工业园区和其他主要能源消耗企业将引领智能电力管理技术在生产各环节的应用。虽然几乎所有企业都已开始逐步采用 IoT 技术（如传感器等）来监测它们的运营，但只有其中的一些佼佼者开始探索如何建立数字孪生系统，并在技术进步的基础上，同时提高管理能力和效率。数字孪生系统实现的资产全面管理数字化，为这些大企业的数字化转型奠定了基础。相对安装 IoT 等新技术设施而言，运营流程、管理能力、一线员工的培养，甚至运营架构等方面的进步则需要我们付出更多的努力。运用智能技术，企业管理者和运营商将从过去被动式的管理转变为主动的管理。这种未雨绸缪的管理方式将大幅提升业务的安全性和效率。

7.3.2 案例 8——新能源工业园区的综合能源管理

本案例将关注重点从高耗能企业的电力资产管理转向工业园区对包括新能源在内的综合能源的规划。近年来，随着新能源，特别是光伏能源在工业园区的广泛使用，一批新兴的综合能源管理企业开始涌现。它们通过自身在能源领域的专业能力，包括对光伏设备的维护能力，借助 IoT、大数据分析等新技术，帮助工业园区进行综合能源管理和规划，实现节约能源、降低费用的目标。

风能、太阳能是工业园区较常用的新能源。这些新能源与电网及储能设备相配合，为优化工业园区的生产用电与生活用电提供了可能。对能源的高效规划将为工业园区带来直接的经济效益，但工业园区本身在这些方面并不具备专业能力，由此催生了一批新兴的综合能源管理企业。

1. 工业园区能源管理面临的新挑战

在工业园区内采用新能源、节约能耗并不是一件简单的事。这不仅是安装几块太阳能板，将服务外包给新能源管理和服务企业那么简单。工业园区能源管理常常会面临以下几个方面的挑战。

（1）能源供给不稳定。

新能源（如风能、太阳能等）常常会受到天气和气候条件的影响。新能源供给的不稳定性，使得工业园区对传统电网供电的依赖性仍然很高。如果工业园区想要优化在能源和碳排放方面的支出，就必须思考如何将新能源与传统电网进行协调。例如，如何合理利用储能装置，确保在天气和气候条件不好的时候，仍可使用来自新能源的电力。

（2）能源设备复杂。

随着新能源进入工业园区，园区管理者需要管理包括光伏面板、变频器、储能设施、智能电表和传感器等在内的日趋复杂的能源网络。虽然工业园区可以把这些技术性的工作外包给综合能源管理企业，但其管理者仍然需要对价格不菲的新能源设备做出投资决策。为了做到这一点，他们必须清楚地了解新能源的使用效率，以及引入新能源带来的 ROI。

（3）能源供需统筹难度大。

新能源的使用可以大幅降低工业园区的用电支出，但这需要以有效的能源供需统筹协调为前提。负责对园区进行能源规划的综合能源管理企业通常需要对供给侧有较好的把握。例如，在一些地方，传统电网峰谷价差较大，如在某些省份，用电高峰期电价约为 1 元 / 度，用电低谷期电价约为 0.3 元 / 度。这就为节省成本创造了条件。但这些综合能源管理企业往往不能预知工业园区的用电需求，这就为充分优化各种能源的使用带来了障碍。

2. 观点分享——利用智能化手段准确预估并协调能源供需，优化能源结构与成本结构

能源综合管理的关键是具备智能化的供需协调能力，这主要体现在以下 3 个方面。

（1）实现对用电量的智能化预测。

工业园区掌握着生产计划。它们可以根据历史经验，利用大数据建立预测模型，实现对短、中、长期生产计划用电量的预估，为制定新能源及相关资产的投资决策提供重要的支撑。

（2）增强对能源供给侧的评估。

对能源供给侧的评估，核心是核算成本。首先，工业园区应准确掌握现阶

段不同来源的能源及电力支出。其次，它们也需要掌握新能源使用的效率，这包括天气、储能装置等对新能源使用的影响。最后，新能源的成本效益也与传统电网的峰谷价差有关。核算成本是工业园区制定投资决策时需要考虑的另一重要因素。

（3）优化资产投入。

有了用电量智能化预测和能源供给侧评估两个方面的能力，工业园区就可以评估 ROI，并为资产的投入制订一个长期的发展计划。工业园区可以根据日常运营数据、短期生产计划、长期增长目标、新能源的运行效率，以及国家政策的变化等建立长期投资规划，从而做到有的放矢，在确保合理的 ROI 的前提下实现"双碳"目标。

3. 新方案的探讨

为帮助工业园区更好地采用和管理新能源，SAP 与一家从事新能源管理的企业进行了深入探讨。该企业提供的解决方案为安装在工业园区的光伏发电系统提供了综合资产运营与管理平台。该平台通过监控光伏面板的电能转换效率，并根据设备状态和天气预报等因素对能源生产总量和功率进行预测。SAP 将其管理的生产计划与这家初创企业的解决方案相结合，在以下几个方面实现了提升。

（1）建立起与生产计划相关联的能耗视图。

利用 SAP 分析云（Analytics Cloud）及企业资源计划，工业园区可以分析出用电数据与生产计划之间的关系，并构建模型，实现根据生产计划对园区内短期、中期和长期的能源需求做出预测。在这个预测过程中加入自学习机制，工业园区对能源需求的预测将越来越准确、越来越精细，例如可以实现对区域甚至车间一级的预测。

（2）对长期 ROI 的评估。

工业园区通过 SAP 的企业资源计划掌控能源消耗方面的成本数据，这也包括与新能源相关的投资和成本。这些数据可以帮助工业园区更全面、客观地评估新能源、传统电网、储能设备的成本结构，从而协助工业园区对短期的供需进行协调，并对长期的渐进投资进行评估。

将这家初创企业在光伏能源方面的专业管理技术与 SAP 的智慧管理方案结合后，双方构建起了针对以下方面的联合创新方案。

（1）协调能源供需。

综合能源管理企业通过部署在工业园区内的智能电表收集用电数据。根据这些数据所在区域、生产车间、生产线，将数据与 SAP 系统中管理的生产计划建立映射关系。一方面，基于历史数据，工业园区可以评估生产计划与能耗之间的关系，并根据中短期生产计划对未来的能耗进行预测。另一方面，园区可以通过对光伏面板的效能监测，结合未来天气状况，对光伏能源的产出进行预测。将光伏能源的产出、电网及储能设备数据进行汇总，为综合能源管理企业提供电力供应的完整视图。结合电网电价等，综合能源管理企业可计算出工业园区总体用电成本，并进一步规划光伏能源的最佳使用策略，控制运营的总体成本。

（2）规划能源资产的长期投资。

在做出投资决策之前，规划人员首先将对长期业务增长做出规划，并根据这些规划和已经建立的模型，估算增加的能源需求。然后，规划人员可以对光伏能源非常重要的两项投资（光伏面板及储能设备）进行调整，逐步提升光伏能源或其他新能源的供给水平，结合电网电力的使用，实现"削峰填谷"。这样做，一方面可以统计运营成本的节约量，另一方面也可以更准确地计算碳减排量。在这一过程中，规划人员可以实现综合初期投资、运营成本，以及包括碳减排量在内的整体投资回报测算。

（3）结合以上两个方面，对能源的日常运营和长期投资进行统筹规划，优化能源结构及能源使用的综合成本。

图 7-3 总结了该联合创新方案给工业园区综合能源管理带来的改变，涉及协调能源供给、规划能源资产投入和优化能源综合成本 3 个关键场景。

电力及相关行业	场景	现状	未来
生产与输送	协调能源供给	工业园区已逐步引入风能及太阳能等新能源，以辅助传统电网供电，达到节约成本和减少碳排放的目的。 一方面，新能源常常会受到天气和气候等因素的影响，供电不稳定；另一方面，新能源设备需要专业的维护以确保效率，这使得工业园区仍然主要依赖电网供电，未能充分发挥新能源的优势。	利用AIoT技术可以实时监测光伏能源的转化率，结合天气及设备状况等其他信息，综合能源管理企业可以较准确地预估能源的供电能力。在此基础上，通过统一的数字化能源管理系统，将新能源、电网等的供电能力及成本进行整合，可以为综合能源管理企业提供电力供应的完整视图，为协调不同类型的能源供给打下基础。
资产管理			
运营			
服务与管理	规划能源资产投入	采用新能源需要购置和管理包括储能装置在内的相关设备，综合能源管理企业通常只能依赖经验决定新能源资产的投入。 不同的园区具体情况不同，往往不能一概而论。如果投资不足，则不能达到节约成本和减少碳排放的目的；如果过度投资，则可能造成浪费。	首先，通过统一的企业资源计划和供应链系统，综合能源管理企业可以掌握园区各实体的整体生产计划，并根据历史数据和用电预测模型，预估园区短期、中期、长期用电量。在此基础上，园区可以综合考虑自身的能源协调能力与需求，以测算出最佳的投资规划。
	优化能源综合成本	园区内能源供给结构日趋复杂，对综合能源的管理提出了更高的要求，例如开展合理的检修，根据峰谷电价对能源的使用进行合理分配，配置合理的储能设备等。 园区普遍缺乏对能源综合成本的管理和优化能力，更谈不上平衡固定资产投入和成本节约，提升资产收益率。	综合能源管理企业结合园区用电需求预测和各渠道能源供给成本，优化成本。从日常运营层面上，调整各类能源的最佳使用策略，如根据电网峰谷电价等因素，制订合理的运维计划；在长期投资上，逐步提高新能源和储能设备的占比，在满足稳定用电需求的同时优化总体用能成本。

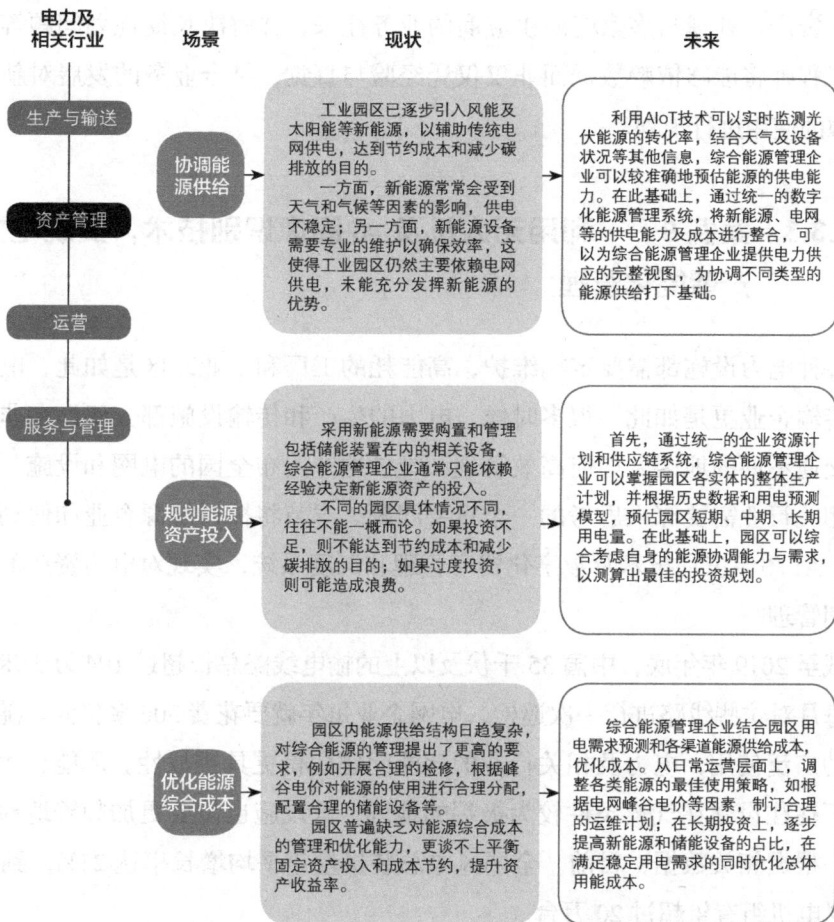

图 7-3 联合创新方案给工业园区综合能源管理带来的改变

4. 综合能源管理的未来展望

未来，新能源可能会在工业园区得到广泛使用，大部分工业园区 50% 以上的能耗将由太阳能、风能或其他非传统能源来供给。这样的转变，将会给园区带来许多运营和管理方面的挑战。数字化的创新将在这一转变中扮演不可或缺的角色。一方面，AIoT 技术将广泛应用工业园区，并为构建智能化能源管理奠定坚实的数字基础。另一方面，智能化能源管理系统将协助工业园区管理复杂的能源资产，处理与多家能源供应商的业务往来，并解决长期规划问题等。专家和工程师将能够依赖数据而非仅仅凭经验与直觉，结合业务的发展对新型清洁能源的使用进行规划。

7.3.3 案例 9——利用无人机及 AI 图像识别技术，实现电力资产智能化管理

各种电力设施都需要定期维护，高能耗的工厂和工业园区是如此，电力生产和传输企业更是如此。很多时候，电力的生产和传输设施都会架设在非常偏远、交通不便的地区。如何高效管理和维护这些遍布全国的电网和设施，是电力及相关行业需要深入思考的一个重要问题。本节将探讨能源企业如何利用无人机、AI 图像识别技术及数字化资产管理和调度系统，实现对电力资产的全生命周期管理。

截至 2019 年年底，中国 35 千伏及以上的输电线路总长超过 194 万千米。仅仅是每月对这些线路进行一次巡检，电网企业每年就要花费 300 多亿元。随着新能源的广泛使用，电力及相关行业的耗能问题变得更具挑战性。风能、太阳能发电厂往往设立在气候条件较为极端的地区，其设施也需要更加频繁地检查和维护。根据相关数据，目前，全国风电总装机量年平均增长率达 23%，到 2023 年，风电机组有望超过 20 万台。

1．电力设施管理中面临的新挑战

虽然我国已成功为偏远地区提供了稳定的电力供给，但如何有效管理好包括分布广泛的电网，以及包括风力和太阳能等新能源设施在内的大规模资产，是电力及相关行业面临的一项重要挑战。我们将这个挑战分解为以下几个方面。

（1）日常人工巡检难度大、效率低。

在我国，80% ～ 90% 的高压电塔架设在山区或交通欠发达的地区。太阳能和风力发电厂的分布亦是如此。这些设施分散在荒郊野岭，为巡检员的日常

巡检工作带来了困难，也降低了他们的工作效率。另外，相对恶劣的工作和生活条件，已使电网企业的资产管理部门越来越难以吸引新的巡检员加入。将巡检工作外包亦不能解决问题，这不仅是因为此项工作责任重大，而且是因为这项工作需要专业的技能，缺乏经验和技术的非正规人员难以胜任。

（2）运维管理流程松散，容易出现疏漏。

尽管电力资产管理部门已经开始采用计算机系统管理其资产及运维，但运维过程仍然涉及许多人工步骤，如安排人员检查电网或风电设备，现场记录发现的问题，将信息录入系统，派遣维修人员携带各种工具排除故障，由验收团队对维修质量进行核查等。这个以人工操作为主的检修过程高度依赖每一个执行者的专业性，任何信息的缺失或不准确，都会导致流程的延误，甚至引发事故。

（3）急需制订具有预见性的综合资产管理计划。

要对电力资产进行有效的管理，就必须对资产状况、运营情况乃至可能发生的问题有充分的了解。例如，哪些地区、哪些设备更容易出现问题，应该如何制订有针对性的运维计划，如何有效降低系统性的风险等。电力企业管理的资产庞大且分散，如果不能做到有的放矢，则难以在保持高水准服务的同时，控制好时间成本和资源成本。

2. 观点分享——用数字化手段建立从前端设备检测到后端资产管理的数字化资产管理体系

电力及相关企业应当建立数字化资产管理体系。运用 IoT 技术将所管理的资产连接起来，并获取资产的运营信息；使用 AI 技术，检测、预判和分析可能出现的故障，提升数字化资产管理的能力和效率。以电力企业对电网的维护为例，这个数字化资产管理系统将包含 3 个要素。

（1）自动巡检。

可以利用无人机等智能设备取代人工进行巡检，这将有效协助电力企业巡检覆盖数千平方千米、交通不便地区的电力资产，如线路、高塔等。无人机可以对电力资产进行拍摄、定位，以标准规范的操作，完成定期巡检及专项质量检查等任务。

（2）建立数字化运维流程。

电力企业需要完成资产数字化，需收集的信息包括资产状态、地理位置、运营情况、零部件信息、历史维护记录、供应商信息及责任人相关信息等。通过数字化资产管理系统，电力企业应建立起一个从现场巡查、分析、故障诊断、调度安排、故障修复、质量验收到未来规划的数字化运维流程。采用无人机对这个运维流程进行辅助，其拍摄的照片经过数字化处理后，可以协助工程人员对设备故障进行分析及判定。

（3）制订并实施可自我完善的运维计划。

通过数字化资产管理系统，电力企业应进一步建立起有效的管理制度，以综合提升其资产维护水平。例如，建立综合分析能力，鉴别故障率较高的零部件，敦促实施方提升作业水平或更换供应商；鉴别区域性问题，调整运维计划，增加或减少巡检的频次等。

3．新方案的探讨

面向电网和风力发电厂，SAP 与一家开发无人机自主巡检解决方案的初创企业展开了合作。这家企业可以按照预先规划好的路线和方案，利用无人机对输电线路、高塔、风机等设备进行巡检和拍摄。无人机可以停放在电塔上搭建的"龙巢"充电站，并进行充电，这使其能够胜任大范围巡检工作。配合 AI 图像识别技术，这家初创企业还可以协助相关部门和人员发现电力资产运行中的异常。

SAP 与这家企业合作，帮助客户实现了以下两个方面的重要提升。

（1）前端巡检与维修流程的集成。

将初创企业的解决方案集成到 SAP 的资产管理系统中，运维人员可以像管理团队一样管理无人机，包括向无人机发送巡检指令、收取检查结果等。此外，将该企业的解决方案与 SAP 的资产管理系统结合，还可使无人机变得更为智能，能进一步从拍摄的图片中识别出零部件的具体型号，从而在维修建议、库存查询、供应商联络等方面为运维团队提供更多的支持。

（2）智能运维计划的制订。

通过对电力资产维护记录的智能分析，以及对电力资产的预测性维护管理，SAP 的资产管理系统可以有针对性地对无人机的巡检进行调度，重点关注那些问题频发的区域或零部件。这将大幅提升巡检效率和电力服务水平。

在将初创企业提供的无人机巡检设备及管理系统与 SAP 的资产管理系统结合后，我们共同针对以下几个关键场景创建了联合创新方案。

（1）电力网络的日常巡检。

对于故障诊断，SAP 的资产管理系统根据运维计划，触发巡检流程。巡检的指令被送往初创企业的系统，由初创企业负责派遣无人机执行巡检。无人机搭载的摄像机对目标资产或区域进行拍摄，并将照片、位置信息等回传，任务结束后通过系统通知运维人员。初创企业利用 AI 图像识别技术对图片进行分析，并标记出明显的故障区域，例如设施出现的颜色变化或裂缝等。随后，该图片、分析结果将与相应的资产设备台账进行对比和检查，在确定零部件编号后整合为数字化初步诊断报告一并发送给运维人员。

（2）自动化的维修流程。

根据诊断报告，运维人员将在资产管理系统中触发相应的维修流程，并分派工作单，调派所需人员和零部件进行维修。如需要采购零部件，可以使用财务和供应商管理系统对该事件进行相关记录。数字化初步诊断报告在这个过程中将确保各部门基于统一的数据和口径运作。同时，由于无人机所拍摄的照片通常会严格按照标准进行识别，其识别精度往往较高，这对维修人员判断故障并携带相关的工具和零部件展开维修很有帮助，将大大减少维修人员多次往返现场的现象。维修任务完成后，运维部门的质量管理团队将触发质量验收流程。无人机将再次访问故障排除后的现场，并在之前的位置以相同的取景角度进行拍照，以确认故障是否已被正确排除。

（3）在数据基础上制订巡检计划。

在电力设施维修流程中使用资产管理系统一段时间后，该系统的智能化价值将得到充分的释放。就运维而言，该系统将为客户创建资产视图，帮助客户分析并标记出需要重点关注的区域或资产，例如临近保修期的设备，频繁出现故障的零部件，雷击、风沙多发地区，以及特别需要关注的供应商信息等。这些进一步的洞察将有助于运维人员更加有的放矢地制订长期的电力设施巡检计划，更为合理、高效地安排无人机的调度。

图 7-4 总结了该联合创新方案给打造端到端的电力资产管理带来的改变，涉及日常线路巡检、故障维修和巡检计划制订 3 个关键场景。

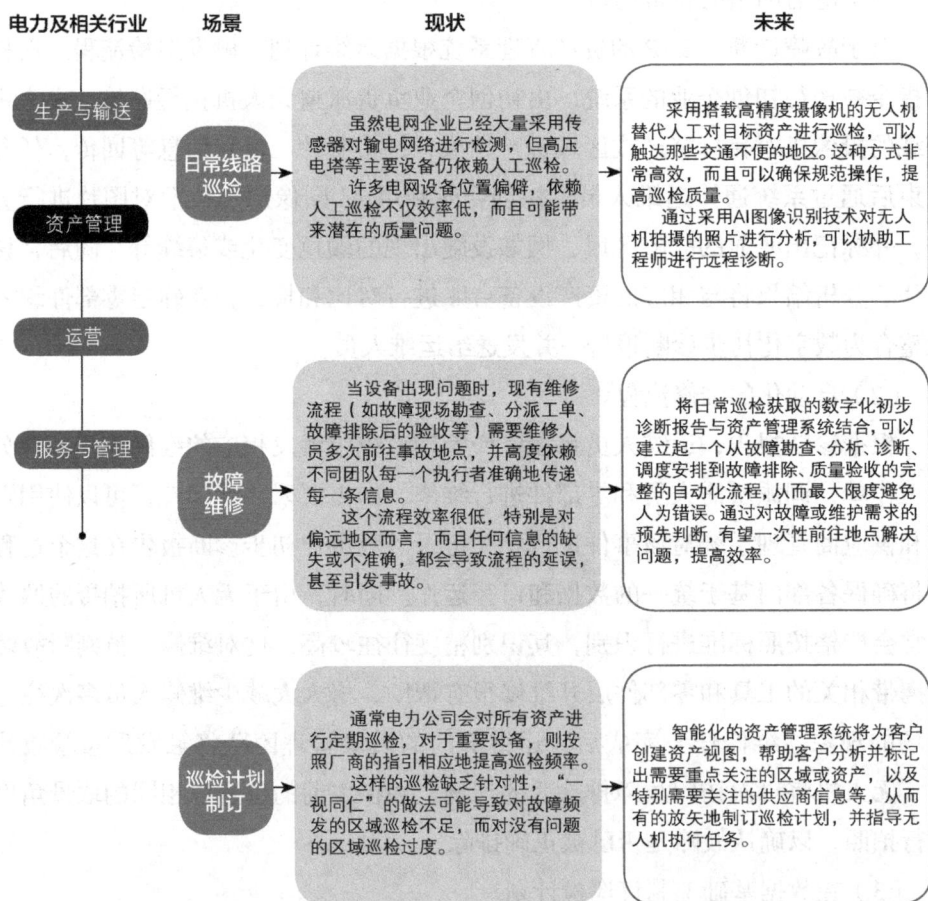

电力及相关行业	场景	现状	未来
生产与输送 资产管理 运营 服务与管理	日常线路巡检	虽然电网企业已经大量采用传感器对输电网络进行检测，但高压电塔等主要设备仍依赖人工巡检。 许多电网设备位置偏僻，依赖人工巡检不仅效率低，而且可能带来潜在的质量问题。	采用搭载高精度摄像机的无人机替代人工对目标资产进行巡检，可以触达那些交通不便的地区。这种方式非常高效，而且可以确保规范操作，提高巡检质量。 通过采用AI图像识别技术对无人机拍摄的照片进行分析，可以协助工程师进行远程诊断。
	故障维修	当设备出现问题时，现有维修流程（如故障现场勘查、分派工单、故障排除后的验收等）需要维修人员多次前往事故地点，并高度依赖不同团队每一个执行者准确地传递每一条信息。 这个流程效率很低，特别是对偏远地区而言，而且任何信息的缺失或不准确，都会导致流程的延误，甚至引发事故。	将日常巡检获取的数字化初步诊断报告与资产管理系统结合，可以建立起一个从故障勘查、分析、诊断、调度安排到故障排除、质量验收的完整的自动化流程，从而最大限度避免人为错误。通过对故障或维护需求的预先判断，有望一次性前往地点解决问题，提高效率。
	巡检计划制订	通常电力公司会对所有资产进行定期巡检，对于重要设备，则按照厂商的指引相应地提高巡检频率。 这样的巡检缺乏针对性，"一视同仁"的做法可能导致对故障频发的区域巡检不足，而对没有问题的区域巡检过度。	智能化的资产管理系统将为客户创建资产视图，帮助客户分析并标记出需要重点关注的区域或资产，以及特别需要关注的供应商信息等，从而有的放矢地制订巡检计划，并指导无人机执行任务。

图 7-4　联合创新方案给打造端到端的电力资产管理带来的改变

4. 能源资产管理的未来展望

毫无疑问，无人机和其他新技术将在很多领域取代人工，如本案例所涉及的资产运维领域。除了日常的运维之外，电力资产的数字化管理也将帮助能源企业提升效率及与第三方的协同。部分企业已经在探索构建一个围绕核心资产的行业云，基于这个行业云，可以对客户与服务提供商、零部件供应商和设备制造商等的交互过程进行统一管理。除了用于资产维护，这个行业云还可以用于监测资产的性能和运行状态。利用平台生成的数据，各相关方可有效提高工作的透明度和协调性，并可建立各自的智能化流程，从而更好地优化成本，推动企业效益的提升。

第 8 章
零售和消费品行业

互联网、移动网络、智能手机和电商的蓬勃兴起为零售和消费品行业带来了翻天覆地的变化。零售和消费品行业的转变带来的影响不仅限于网上购物，它还深刻地改变了这个行业的运营管理方式，同时催生出多种新业态、新模式。

8.1　我国零售和消费品行业的发展现状及面临的挑战

截至 2019 年，我国线上零售额超过 10 万亿元，在我国零售市场总额的占比超过 25%。随着人们生活习惯的进一步改变，预计未来几年这个数字还将进一步扩大。网络购物已成为人们重要的购物方式。同时，线上零售的相关行业也有着长足的发展。包括运营、咨询、电子签名、电子支付等在内的各类电子商务服务收入也在不断增长。大多数商家都开始采取多渠道销售战略，并运用某种系统来管理多个线下、线上的消费者。品牌商不再只是依靠传统广告（如电视广告、各类纸质的平面广告等）进行营销，而是更多地通过短视频等多样化的全新媒介来推广它们的商品和服务。C2M 模式越来越受到零售商的追捧，消费者对产品的个性化、定制化需求可得到极大的满足。除了对线上渠道的开拓和深耕，越来越多的零售商将智能购物车、交互式触摸屏等新科技引入实体店，为消费者提供令人耳目一新的数字化消费体验。

零售和消费品行业直接服务于最终消费者，因而能最先感知市场的快速变化。尽管零售企业渴望通过创新与市场变化保持同步，但它们通常利润微薄，因而必须谨慎小心地将资金投入最具有价值的创新中。多年来，SAP 与零售和消费品行业客户在数字化转型中密切合作，在这个过程中，总结出了他们当下所面临的一些共同的挑战。

（1）对消费者真实需求的把握。

对消费者真实需求的把握是几十年来一直难以破解的课题。所有零售商和品牌商都已制定或正在制定以消费者为中心的战略，然而依然难以满足消费者快速且多变的需求。随着家庭平均收入的持续增加，人们的消费不再满足于基本生活需求，而是希望获得更加个性化的产品、服务和体验。尤其是彰显个性的"Z世代"年轻人日渐成为消费的主体，对个性化、体验式消费的需求与日俱增，这将成为零售和消费品行业未来发展的一个重要趋势。此外，消费者通过丰富的渠道（包括社交媒体等）来获取信息，并表达他们的诉求。零售商和品牌商常常会千方百计地获取海量的线上及线下消费者数据，以期更加全面、深入地了解消费者的需求。但很多时候，由于缺乏对这些数据的分析能力，无法提取出真正有价值的信息。

（2）保持消费者体验的一致性。

即便零售商和品牌商已成功建立起消费者的360°画像，但要执行好以消费者个人为中心的策略，提供个性化的消费者体验，进而提升消费者的生命周期价值，仍然困难重重。如今，消费者通过线上线下多种渠道与零售商和品牌商进行互动。通常，每一次消费，他们都会建立起10个以上与商家或渠道的接触点，一个忠实的消费者在与商家的互动中往往会产生更多的接触点。许多商家都为消费者提供了良好的线上体验，却很难将这种体验延伸到第三方平台或其线下实体店，使线上、线下的体验保持一致。如何在所有接触点为消费者提供一致的体验，是所有零售商和品牌商面对的共同挑战。

（3）超越商品本身的消费者体验。

今天的零售和消费品行业所要提供的远不只是好的商品或服务。要想在激烈的行业竞争中胜出，赢得更多的消费者，就需要打造充分满足消费者深层次需求的购物体验。这将为零售和消费品企业构建起独特的竞争优势，同时也将成为整个行业追求的最终价值。在绝大多数情况下，特别是对高端品牌或高忠诚度消费者而言，他们所追求的都是一种"体验"——可能是简洁的线上、线下购物过程；也可能是在购物中心所度过的"美好一天"；还可能是某些品牌商提供的"千人千面"的定制化产品和服务；抑或是一种特别的无人购物体验。互联网和移动终端的普及，使消费者能在日常生活的各个场景随时、随地、随性地选购商品。尽管消费者随时随地都有可能做出购买决定，但他们最有可能在心情愉悦时，也就是体验最好的时候做出购买决定。零售商和品牌商应该尽可能地营造这种氛围，并抓住时机，满足消费者的需求。要做到这一点并不容易，这需要零售商和品牌商加大力度了解消费者的所想、所求，重新打造以消费者为中心的战略，并调整业务模式。

（4）满足个人的定制化需求。

品牌商还会面临一个挑战，即满足消费者日益增长的定制化需求。消费者渴望个性化的产品或服务。要满足这些需求，品牌商不仅要能够建立以消费者个人为中心的战略，准确地理解消费者的需求，还要具备提供个性化定制的能力，在它们的供应商网络中建立灵活的供应链系统和弹性制造流程，以可控的成本交付定制化产品。这对大多数品牌商来说仍然是一个挑战。

8.2 零售和消费品行业的数字化进程

零售和消费品行业是数字化转型的领航者。从 2003 年开始，零售业步入"电商时代"，各类线上平台不断涌现，为零售和消费品企业推广产品和服务，为零售和消费品企业与消费者的互动提供了全新的渠道。此外，随着互联网、信息传输技术的进步，以及移动设备渗透率的提高，数字化的零售消费场景持续丰富，各种新业态、新模式不断刷新人们的认知。在这样的背景下，零售和消费品行业与新技术的融合不断加深，在这个过程中，SAP 已经与包括阿迪达斯、耐克、苏宁、古井集团等在内的国内外零售商和品牌商共同推动了一系列令人印象深刻的变革。

8.2.1 零售和消费品行业产业链关键环节的数字化

在这场变革中，许多零售和消费品企业都在基于 SAP 智慧企业系统搭建的业务流程中采用了 IoT、智能设备、AI 等新技术，并沿着零售和消费品行业产业链，在推动以消费者为中心的设计与创新、生产与协调、营销与销售及客户体验等各个环节的数字化转型中取得了显著的成绩。零售和消费品行业产业链关键环节如图 8-1 所示。

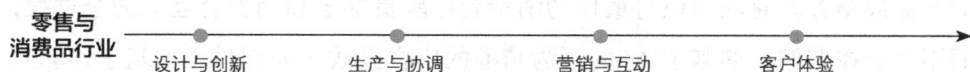

图 8-1 零售和消费品行业产业链关键环节

数字化技术在零售和消费品行业产业链的应用十分贴近我们的生活，在这里就不再详细描述。下面归纳了在产业链各个环节推动数字化转型所需要的共性的技术和运营能力。

（1）构建单一的消费者数据平台。

对每家零售商或品牌商而言，要想真正实现以消费者为中心的战略，第一步就是要了解消费者的需求。现在的消费者已习惯于充分利用多种线上渠道，如电商平台、搜索引擎、社交媒体、直播、短视频等获取商品和服务信息，甚至与商家进行实时互动。要想全面、准确地了解消费者，商家需要构建一个消费者数据平台，该平台将整合商家通过各个渠道与消费者互动所获取的全部信息，包括与第三方平台（如电商和百货公司等）的集成。这个平台将为商家建立 360° 消费者画像，并为制定所有消费者活动提供唯一可信的数据基础。

（2）建立智能化消费者互动流程。

在基于单一数据平台对全渠道消费者数据进行整合后，商家下一步需要做的就是创建智能化的消费者互动流程。零售商和品牌商应建立起包含所有消费者接触点（从呼叫中心、网站到线下实体店）的透明视图，并广泛采用 AI 技术为所有面向消费者的线上线下服务人员提供支持，帮助他们在充分了解消费者的基础上与其进行有效的沟通。随着所有接触点生成的信息的不断积累，以及对消费者了解的持续深入，服务人员将在每一个接触点与消费者建立起更为有效的互动。需要特别注意的是，与消费者互动的全过程必须遵循个人隐私和数据安全的相关法律法规。

（3）打造以消费者为中心的体验。

零售商和品牌商应该专注于打造卓越的消费者体验，而不仅仅是提供优质的产品或服务。商家应该将最佳的消费者体验贯穿于和消费者互动的全过程，而不只是在营销（如基于 AI 的更为精准的广告投放）或交易（如基于移动互联的数字支付方式）等个别环节关注消费者体验。商家可在数字化平台上建立一个涵盖所有消费者接触点的智能流程，利用智能化分析技术洞察消费者的意图、习惯，据此决定与消费者互动的频率和内容，并利用不同的接触点来逐步提升消费者体验，在他们获得较高的体验感的同时推动他们做出购买决策。

对商家来讲，根据对消费者的洞察提供最佳的体验，推动消费者购买商品或服务只是它们与客户建立关系并维护关系的一个节点，商家的终极目标之一是赢得"终身客户"。根据这一理念，商家需要具备能够满足消费者动态且多样化需求的能力，这样才能持续获得消费者的青睐。前文提到的 C2M 这个概念，包含 C2B 和 B2M 两个过程。C2B 往往容易做到，例如在"团购"平台中，很多商家便很好地实现了 C2B。商家通过在平台上聚合分散在不同空间的消费者需求，形成巨大的定制化采购订单，随后将这些订单发送给工厂进行生产。B2M 则需要建立一个灵活的数字化供应链，使基于采购订单的灵活计划、小批量生产及与供应商的协作成为可能，从而为交付个性化产品或服务提供支持。

此外，在满足定制化需求的同时，品牌商还需要借助数字技术大幅改进自家品牌产品的设计，加快创新进程。设计师和工程师可以从消费品的大数据分析中获取间接的反馈，并对下一批次的产品做出改进。3D 打印、AR/VR 等数字技术可以协助设计师和工程师从消费者那里获得更直接的反馈。例如，对时尚行业来说，这些数字技术将帮助设计师研究分析大众消费习惯和言行举止，更快地对之前难以把握的时尚趋势做出准确的判断。

8.2.2 从最佳实践到零售和消费品行业领军者的跨越

我国拥有高度活跃和多样化的零售和消费品市场，零售和消费品行业已经在采用数字技术进行转型的许多方面处于世界领先地位，且具备超强的进一步发展的潜力。在过去的三十多年，SAP 与国内外的大批零售和消费品企业进行了深入的合作，总结出一批最佳实践。同时，在助力企业加速数字化转型的过程中，SAP 面向行业未来发展，梳理出了设计与创新、生产与协调、营销与互动、客户体验这些关键环节应重点关注的创新方向，如表 8-1 所示。

表 8-1　实现从最佳实践到行业领先的跨越

进程	设计与创新	生产与协调	营销与互动	客户体验
最佳实践	根据市场调研对产品进行设计和创新	与生产计划相结合的自动化制造过程	支持线上线下渠道互通的传统消费决策过程	基于大数据的产品与服务推送，主要集中在"精准营销"
行业领先	建立在大数据分析及与客户的数字化互动（如 3D 打印、VR/AR 等）上的个性化设计和创新	灵活的数字供应链为 C2M 产品和服务提供支持	单一的客户数据平台；与客户跨平台、跨渠道的个性化互动	注重过程，覆盖从线上到线下的所有客户接触点。以客户为中心，依照客户意图、习惯等逐步提升客户体验

仅仅几十年，我国互联网厂商，尤其是各类电商和社交媒体平台，已经为零售和消费品行业的数字化转型搭建起良好的基础设施。在此之上，无论是正在奋起直追的传统零售商和品牌商，还是活力四射的电商，都在不断构建或增强自身的数字化能力。例如，"精准营销"这一概念已为大众所熟知，并开始为人们带来全新的购物体验。今天，当消费者在购物平台上选购商品时，会发现商家向消费者推荐的商品越来越符合消费者的品位和喜好，这背后实际上就是商家通过对平台收集的多维度的大数据进行分析，对消费者进行的有针对性的推送。此外，绝大多数的传统零售和品牌实体店已纷纷创建网店，为消费者开辟购物的新渠道，有些商家甚至可以做到打通线上、线下渠道，支持消费者在全渠道遵循传统的"漏斗"模式，即对已知品牌进行反复筛选，做出购买决

策。在生产端，不少品牌商通过数字化生产设备和系统，根据生产计划进行自动化生产制造。但同时，商家也应该看到零售和消费品行业的数字化程度还有很大的提升空间，例如，尽管商家已普遍开始采用精准营销，但消费者仍会抱怨自己经常收到各种垃圾信息；随着越来越多的商家开始支持线上、线下渠道的互动与销售，商家要留住消费者比以往更难了。

基于与零售和消费品企业的深入合作，以及与面向这个领域的初创企业的探讨，我们认为零售商和品牌商要领跑未来发展，需要利用新技术打造以下两项关键能力。

第一，增强对消费者决策的影响力。实现这一点的重要基础是，在营销与互动及客户体验环节建立起对消费者全面、深入、动态的认知。商家需要构建一个单一的数据平台，可对各渠道（如实体店、网店、社交平台等）获取的数据进行综合分析，形成对消费者更全面、更深入的认知，这不仅包括消费者的喜好、购物需求，而且包括他们在购物决策过程中所处的阶段，甚至是当下消费者所处的场景，以及同一消费者在不同场景中需求的动态变化。在此基础上展开的营销与互动，以及提供的产品和服务才会更贴近消费者真实的个性化需求，更容易对购买决策产生积极的影响。

第二，对品牌商而言，还需要具备在产品设计和生产环节将对消费者的认知快速转化为产品的能力。具体而言，在设计与创新环节，借助新技术，不仅能基于大数据分析出消费者的需求，还可以运用 3D 打印、VR/AR 等技术，迅速可视化地呈现消费者的所思、所想；在接下来的生产中，可以通过灵活且具有弹性的供应链，以及柔性化的生产方式，为消费者生产出"所见即所得"的产品。

秉持着以上认知，我们与在零售和消费品领域耕耘多年的国内初创企业进行了合作，共同开发出一系列旨在提升零售和消费品企业数字化能力的解决方案。本章选取了其中的 4 个案例进行分享和讨论。

8.3 新型的创新模式面向零售和消费品行业打造的联合创新方案

　　本节将介绍 4 个案例，它们从不同侧呈现了我们与初创企业共同为零售和消费品行业打造的联合创新方案。第一个案例聚焦线下零售实体店，将展示怎样借助智能货架与客户关系管理（Customer Relationship Management，CRM）系统，捕捉消费者的情绪数据，并与其线上信息结合，打造动态的消费者画像，进而提供个性化的消费体验，加速商家的销售转化。第二个案例重点关注商家的营销环节，利用新技术准确判断消费者当下所处的场景，帮助商家在正确的时间，将正确的信息推送至正确的目标客群，在改善消费者体验的同时提升营销的 ROI。第三个案例帮助品牌商，特别是高端奢侈品商家利用 3D 成像等技术，在线上、线下为消费者提供可复现实物商品的 3D 模型，并通过消费者与模型的互动捕获并理解消费者的需求，完成产品定制、定价和交易的完整购物流程。第四个案例是帮助商超零售店，通过引入智能购物车，为消费者打造智能购物体验，同时以购物车为平台整合消费者需求与店内库存，为商超零售店创造更多的收益。

8.3.1　案例 10——智能货架：线下零售的新体验

　　本案例聚焦零售业的基础环节之一，即与线下消费者的互动，并展示零售商如何利用 AI 和 IoT 等技术提升消费者体验，配合使用客户关系管理系统加深对他们的了解，帮助他们做出购买决定。

　　在人们习惯了网上购物的同时，也有不少人开始回归线下零售实体店。他们更喜欢看到和触摸到商品实物，通过与导购员的交谈了解新产品，喜欢在随便逛逛的时候购买商品。我们注意到一个正在发生的有趣现象——尽管线上业务已实现了多年的快速增长，但线下业务正重新成为许多零售商和品牌商关注的"新"焦点。它们希望通过打造更好的线下消费者体验，重新构建起竞争优势。

1. 线下零售实体店面临的新挑战

今天的线下业务已发生了翻天覆地的变化。消费者已成为"数字化专家"，他们可以轻松地从网络上获取各种信息。在进入实体店前，他们可能已经对商品及促销活动有了不少的了解。显然，仅仅将线下店铺定位为展厅是不够的，零售商和品牌商需要对线下零售实体店及线下营销策略做出改变，为无论是第一次到店的顾客，还是已经在网络上建立联系的消费者，提供很好的体验。在这个过程中会面临如下挑战。

（1）如何将线上互动带到线下。

几乎每位消费者都已在线上留下了大量的"足迹"，因此从技术层面上讲，当他们第一次出现在线下零售实体店的时候，他们实际已经不算是新客户了。但是将这些在线上积累的信息应用到线下并不容易。首先，这里存在一些技术问题，即如何能够识别出这些消费者；其次，还涉及法律问题，即如何确保整个过程符合个人隐私和数据安全相关法律法规的要求；最后则是体验问题，即如何合理使用这些信息，而非滥用，避免造成与商家的初衷背道而驰的结果。

（2）如何有效捕捉线下商机。

线上购物是一个相对单纯且高度数字化的过程，这有助于零售商捕捉消费者在线上留下的每一个数字足迹，以便开展有针对性的营销活动。然而，在线下，这一点就很难做到了。实际上，线下行为往往更有价值，因为消费者通常会留下很多真实的信息，包括非常重要但难以捕捉的情绪数据。

（3）如何促成销售转化。

推动顾客消费、提升销售转化率是线下零售实体店进行数字化转型的最终目的。我们希望捕捉到顾客体验好、心情愉悦的时刻，特别是当他们到访线下零售实体店或反复了解同一商品的时刻，因为在这些时刻，他们做出购买决定的概率会更大。如何捕捉到这些关键点，最终推动销售转化，对面向海量消费者的零售行业来讲是一个挑战。

2. 观点分享——构建包含消费者情绪数据的动态画像，实现高效销售转化

相较于仅开展线上业务的商家，那些经营着实体店的零售商拥有其独特的优势。这不仅在于它们在线下有一个实物展示的空间，更在于它们可通过线下渠道与消费者建立更密切的联系，获取更有价值的消费者信息，例如前面提到的情绪数据。这一点非常重要，因为这不仅能让零售商"目睹"消费者做出了哪些决定，更重要的是可以"告诉"零售商，消费者为什么这么做。零售商需要在运营和管理它们线下渠道的过程中建立以下两个重要的能力。

（1）捕捉情绪数据的能力。

一般来说，零售商会记录消费者的"动作"，如搜索的关键字、点击的网页、浏览的记录、观看的视频，以及购物交易的记录等，并以此来判断消费者的行为。这些动作易于捕捉，可以帮助零售商直观地了解消费者做了"什么"。但是这些表象的动作，并不能揭示消费者做这些动作背后的原因。对零售商和品牌商而言，消费者上述行为背后的动机即"为什么"，其实更重要。要弄清楚这个问题，关键在于把握消费者的情绪——在做出这些动作时，他们是困惑的、开心的，还是有顾虑的，等等。零售商过往会通过调研来获取这些情绪数据，但这种做法最大的问题在于，消费者参与调研的时候的情绪往往与购物时的情绪不同。随着技术的发展，我们可以利用 AI 和 IoT 技术与消费者展开互动，并获取消费者实时的情绪数据。这样可以进一步建立起动态的消费者画像。

（2）构建动态的消费者画像的能力。

传统的消费者画像是一份基于消费者的过往行为、个人信息建立起的资

料。商家通常会根据营销目的给这些消费者做进一步的细分。这是一个好的做法，但不够完美，因为它忽略了消费者的情绪因素。例如，他们这会儿很忙吗？他们现在是否想要购物？他们是否想获得促销信息？他们目前是处于搜索阶段还是决定阶段？他们对我们的产品或服务满意吗，还是有问题需要解决？要做到有效的营销，零售商和品牌商必须根据这些动态的信息来决定应该如何与消费者互动。例如，对于处于购物初期的消费者，零售商和品牌商可以向他们提供更多选项以探索他们的需求；对于已经倾向购买的消费者，则可以为他们提供深度分析以促使他们下定决心；对于犹豫不决的消费者，需要首先解决困扰他们的问题，而不是盲目推销，将他们"推得更远"。这对于提高消费者体验和转化率都非常重要。

3. 新方案的探讨

本案例聚焦线下零售实体店与消费者的互动。虽然这只是消费者整个购物过程中的一部分，却是一个可以有效根据消费者情绪与消费者展开互动的重要环节。SAP 与一家提供 IoT 零售解决方案的初创企业展开了探讨与合作。这家企业开发的商业数字化显示解决方案，通常以智能货架的形式被应用于化妆品或护肤品零售店。通过采用融入了该解决方案的智能货架，零售商可以展示和销售各种重点推荐的商品。它们可以识别消费者从货架上挑选了什么商品，通过安装在货架上的摄像头来观察消费者的行为，并通过触摸屏与消费者进行互动。

SAP 将这家初创企业提供的智能货架作为终端，帮助零售商增强与消费者的互动能力，并进一步提升消费者的购物体验。

一方面，在数据集成方面，在消费者许可的情况下，初创企业提供的智能货架可以将获取的消费者互动数据输入零售商或品牌商采用的客户关系管理系统，从而完善消费者的动态画像。

另一方面，零售商可以通过这些动态画像判断消费者的情绪，并通过智能货架，为每位消费者提供实时的个性化营销。

我们将 SAP 的解决方案与初创企业的智能货架进行结合，针对以下场景打造了联合创新方案。

（1）将线上服务延伸到线下。

当消费者在智能货架前驻足时，货架的屏幕上会显示欢迎信息，并询问消费者是否愿意注册个人信息。在消费者同意的前提下，智能货架将能够识别从摄像头前经过的消费者，并与零售商的客户关系管理系统建立连接，然后在屏幕上显示个性化的欢迎信息，开始为消费者导览。

（2）与消费者进行互动。

智能货架包含多项互动设定。例如，当消费者拿起某款商品时，传感器可以对其进行识别，然后在屏幕上播放关于该商品的短视频。智能货架还可以记录消费者与每款商品互动的时长和次序，并通过消费者的表情判断其情绪和喜好。在这个过程中，智能货架也会通过屏幕，询问消费者一些简单的问题，并将答案传送给客户关系管理系统。

如果算法可以判断出消费者可能对某款商品感兴趣，客户关系管理系统会将建议传递给智能货架，并在屏幕上播放该产品的视频，介绍为什么这款产品可能适合他，并推荐一款特别的促销套餐。

（3）促进购买决定。

如果消费者决定购买，他们可以在智能货架上直接完成交易，而无须前往收银台结账。这将帮助商家及时抓住商机。即使消费者最终没有购买商品，从消费者与智能货架的互动中收集到的情绪数据仍然可以使商家受益。这些信息可以帮助商家通过深入分析加深对消费者行为的解读，为未来的销售，甚至产品与营销的整体策略的制定奠定基础。

图 8-2 总结了该联合创新方案给线下零售带来的改变，包括线上服务的线下延伸、消费者互动与商品推荐和完成购买 3 个关键场景。

零售与消费品行业	场景	现状	未来

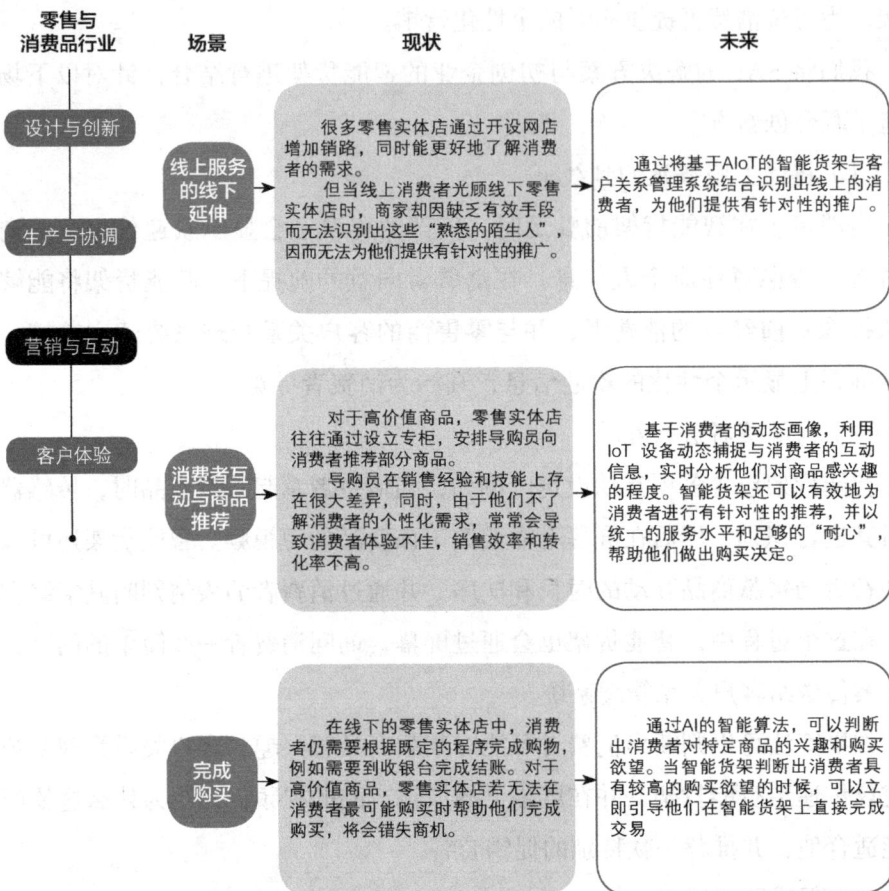

零售与消费品行业
- 设计与创新
- 生产与协调
- 营销与互动
- 客户体验

线上服务的线下延伸

很多零售实体店通过开设网店增加销路，同时能更好地了解消费者的需求。

但当线上消费者光顾线下零售实体店时，商家却因缺乏有效手段而无法识别出这些"熟悉的陌生人"，因而无法为他们提供有针对性的推广。

通过将基于AIoT的智能货架与客户关系管理系统结合识别出线上的消费者，为他们提供有针对性的推广。

消费者互动与商品推荐

对于高价值商品，零售实体店往往通过设立专柜，安排导购员向消费者推荐部分商品。

导购员在销售经验和技能上存在很大差异，同时，由于他们不了解消费者的个性化需求，常常会导致消费者体验不佳，销售效率和转化率不高。

基于消费者的动态画像，利用IoT设备动态捕捉与消费者的互动信息，实时分析他们对商品感兴趣的程度。智能货架还可以有效地为消费者进行有针对性的推荐，并以统一的服务水平和足够的"耐心"，帮助他们做出购买决定。

完成购买

在线下的零售实体店中，消费者仍需要根据既定的程序完成购物，例如需要到收银台完成结账。对于高价值商品，零售实体店若无法在消费者最可能购买时帮助他们完成购买，将会错失商机。

通过AI的智能算法，可以判断出消费者对特定商品的兴趣和购买欲望。当智能货架判断出消费者具有较高的购买欲望的时候，可以立即引导他们在智能货架上直接完成交易

图 8-2　联合创新方案给线下零售带来的改变

4．零售新体验的展望

未来，针对每一位消费者提供个性化、线上线下无缝衔接的体验将是所有零售商需要聚焦的重点。零售商需要利用更多的新技术（包括 AI、IoT、情感数据分析等），将静态的消费者画像转化为动态消费者画像。无论是促销还是服务，都要能够做到有的放矢、恰到好处，以逐步提升每一位消费者的体验，从而将他们的生命周期价值最大化。数据保护是另一个必须考量的关键。消费

者的个人数据应受到保护，他们有权决定是否允许商家使用这些数据。零售商越是能很好地保护消费者数据，提供更好的基于数据的体验，消费者越有可能允许它们使用个人数据，最终实现消费者和商家的双赢。

8.3.2 案例 11——基于场景的数字化营销

本案例通过一个线上及移动端营销上的创新，进一步探讨以消费者体验为中心的营销策略。

随着互联网，特别是智能手机的普及和移动互联网等新技术的广泛应用，商家与消费者接触的次数和频率上都出现了爆发式的增长，接触方式也变得多样化。麦肯锡公司 2021 年发布的数据显示，我国目前有超过 8.55 亿的数字消费者，他们平均每天花在手机上的时间高达 6 小时，每年通过手机购买的服务和商品价值更是高达 2 万亿美元。

1. 数字化营销面临的新挑战

营销能力的提升及营销手段的多样化为零售商和品牌商带来了商机，但也引发了如何有效使用这些营销手段来提升消费者体验的新挑战。近年来，"精准推送"已成为几乎所有零售商及品牌商营销策略中的关键词。从本质上讲，它与数据库营销并没有太大的区别。唯一的不同是，现在每位消费者都可能在数字世界中被不知不觉地贴上成千上万个看不见的标签，产生的数据可能是之前的数百万倍。广告和促销信息被源源不断地推送到消费者手中的各种智能终端设备，特别是手机上。商家需要在狭小的手机屏幕上展开竞争，争夺消费者已高度分散的注意力。另外，消费者不可避免地成为这些数字标签的"受害者"，每一个人都可以明显感受到自己成为广告商锁定的精确目标。这些都给数字经济下的营销带来了新挑战。

（1）提升消费者体验。

我们都有过类似的体验——每当我们在手机上点开一个新链接，或是在电脑上打开一个新网页时，形形色色的弹窗广告、二维码，甚至伪装的对话框就会自动弹出。遇到这种情形，大多数消费者会下意识地关闭这些恼人的广告，根本不会关心广告是何内容。你可能不知道的是，这些广告中很大一部分实际上是根据消费者身上的标签量身定制的。从技术上讲，这些广告商通过精准营销的算法，确认了哪些消费者是它们的目标客群，会对广告产生兴趣。但结果是，消费者仍然会迅速关闭这些广告。其原因很简单：广告商忽略了消费者的体验，在点开一个新链接或者打开一个新网页的时候，消费者感兴趣的是新链接或新网页本身的内容，或许他们并不想购物。

（2）把控消费者情绪。

发送到手机上的这些精准营销的广告转化率通常很低，除了前文讲到的原因，另一个重要的原因是消费者的情绪。广告商的一大弱点是它们无法把握消费者的情绪，这导致很多时候它们推送的广告与消费者所处的场景无关。即便消费者点开了这些广告，但他们并不会真正将注意力集中在这些广告的内容上，因为他们很可能正在查阅资料或处理其他事宜。虽然他们可能是广告的受众，但这些广告出现的时机并不正确，因为消费者当下并没有接受广告或者购物的情绪。不注重消费者情绪，盲目进行营销带来的结果是，商家在各广告平台上浪费了大量的资金和资源。

（3）合法合规。

零售商和品牌商还必须遵守个人隐私和数据安全的相关法律法规。

近年来，我国愈发重视个人隐私和数据安全，并在不断完善相关的法律法规。很多相关的案例表明，在这方面违规的商家通常会遭受重罚。在收集及运用与消费者相关的数据时，如何做到合法合规，并且在企业内部建立起行之有效的审核机制，是零售商及品牌商需要面对的一个挑战。

2. 观点分享——准确判断消费者所处场景，实现名副其实的精准营销

消费者的体验和情绪是零售商和品牌商需要时刻关注的核心。"体验"是指消费者基于他们所处的场景和环境而产生的感觉，而"情绪"是指消费者当下的状态和意愿。例如，如果消费者是一位设计师，他会在网络上搜索时装信

息，但其目的是多样的：他有可能是要购买服装，也有可能是在寻找设计灵感。零售商或品牌商不仅要掌握消费者画像，而且要了解消费者当下的情绪，这样才能在正确的时间、正确的地点更有效地推送广告。要做到这些，商家需要具备两个新能力。

（1）跟踪动态消费者画像的能力。

传统的消费者画像是静态的，不会因消费者所处场景和环境而有所改变。动态的消费者画像则能够实时反映消费者的状态，从而帮助商家随时掌握消费者情绪的变化。以手机上的应用为例，这种变化可以通过多个维度来识别，如日期、一天中所处的时间、地理位置、消费者正在使用的 App、消费者使用这些 App 的时长及执行的动作（如书写）等。在消费者知情和允许的前提下，智能算法可以通过这些信息来了解消费者的体验和情绪，以决定在正确的时间，甚至在屏幕的正确位置向消费者提供包括促销信息在内的适当信息。

（2）结合场景提供良好的广告体验的能力。

目前，大多数广告都可以量身定制，然而，几乎所有的在线广告都是强制推送的，有可能出现在任何时间、任何地方。这些广告令人厌烦，它们可能会在某个烦人的时候，在屏幕上的任意位置突然弹出，消费者不得不停下正在处理的事务，去关闭这些广告。广告公司应尽可能在消费者需要的时候向他们提供必要的信息，而非打扰他们。例如，如果消费者在某次搜索中表现出他似乎对奥迪 SUV 感兴趣，那么当消费者再次打开网页或 App 时，广告商可以尝试为消费者提供一些关于奥迪 SUV 的信息；或者当消费者在阅读一大篇关于汽车的文章时，可以通过高亮的方式显示文章中的特定字段，在不影响阅读体验的前提下，尝试引导消费者通过这些高亮内容了解更多信息等。这样做可显著提高广告的点击率，优化消费者的体验。

3. 新方案的探讨

就如何优化在线广告体验的问题，我们与一家国内领先的、提供基于 NLP 技术的移动广告的企业展开了深入的探讨与合作。这家初创企业可以帮助商家在消费者知情、同意的条件下追踪和分析消费者在移动平台上的行为，在提供动态广告体验的同时，捕捉消费者的反馈，以帮助商家改进广告策略，提升消费者体验。

然而，这家企业也面临一个明显的挑战。由于只跟踪和管理移动平台的数据，其无法获取其他渠道产生的数据，特别是关键的成交数据。由此产生的问题是，虽然初创企业可以判断促销的最佳时机，却无法得知消费者最终是否购买了产品，特别是当消费者的购物发生在线下时。实际上，这样的情况并不少见，尤其是当消费者购买汽车等高价商品时。因此，初创企业希望使用真实的交易数据来训练其算法。

而这正是 SAP 可以提供帮助的地方。在我们的联合创新方案中，我们将初创企业的解决方案与 SAP 营销云连接起来，SAP 将向初创企业反馈市场营销的效果，以不断改进其算法。同时，初创企业也可以将其对情绪数据的分析结果提供给商家，以结合 SAP 系统中的其他各种数据（包括交易数据和商品数据等），进行全面的业务分析。图 8-3 总结了该联合创新方案给营销管理带来的改变，包括传递营销信息和提升广告转化两个关键场景。

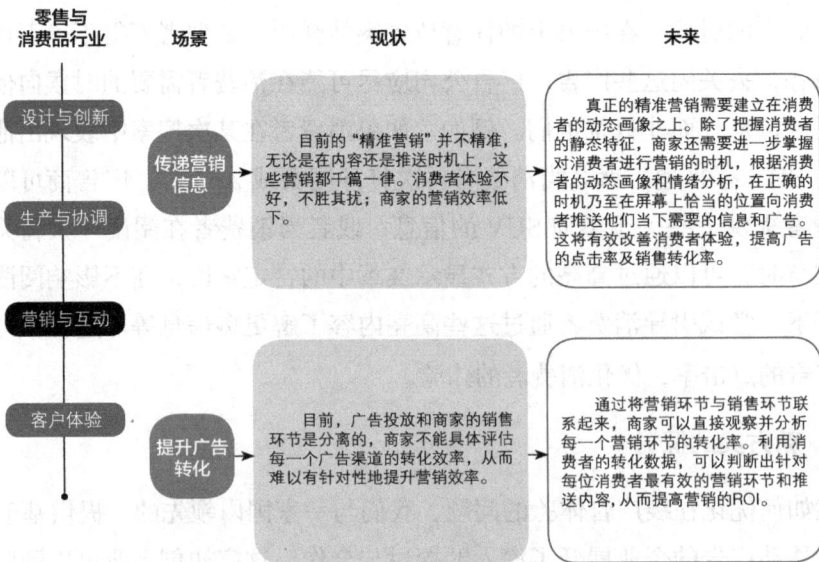

图 8-3　联合创新方案给营销管理带来的改变

4．数字化营销的未来

利用社交媒体、KOL 或 KOC 发布短视频已被公认为是提高品牌知名度、向消费者直销的最佳渠道。零售商和品牌商的营销团队对消费者时间和注意力的争夺已进入白热化的状态。未来这一领域将更聚焦于提供良好的消费者体验。先进的技术将帮助营销人员不仅通过市场细分，而且针对每一位消费者的情绪变化来更深入地了解消费者。未来的营销将打造消费者真正需要的广告体验，即"真正懂你的"体验。

8.3.3　案例 12——3D 光场捕捉和渲染技术打造完整的新零售体验

本案例继续围绕消费者体验展开讨论。品牌商体现竞争优势的一个重要方面是为消费者提供定制化的产品和服务。一些领先的品牌商，可以为消费者提供高度定制化即 C2M 的体验。为了让消费者获得更加真实的体验，一些商家将 3D 成像等技术应用在他们的线上与线下商店中，这将有助于商家更好地捕获消费者的反馈，同时协助消费者完成产品定制、定价和交易的 C2B 流程。同时，这个高度数字化的 C2B 流程精准地记录了每一个定制细节，为下一阶段的 B2M 流程奠定基础。

零售线上渠道占比逐渐增加，但线下渠道也并不会消亡，恰恰相反，当线上的体验趋于同质化时，品牌商，特别是销售高端消费品（如时装、设计品等）的商家一直在探索如何在线下使用 AI、3D 打印、3D 成像等技术提升与消费者的互动质量，增进对他们的了解，并加速销售转化。

1．数字化营销给品牌商带来的新挑战

便捷的线上渠道为所有品牌商带来了新挑战。消费者能够接触的品类和样式大大增多，他们对商品的期望也大大提高。无论是在线上渠道还是线下渠道，消费者都希望能够自由地选择自己喜爱的品类、款式、设计、颜色和每一个细节。这对品牌商来说，需要解决以下的难题。

（1）真实地还原商品。

大多数线上商店会通过图片或视频来展示商品。虽然现在的图片和视频已经制作得十分精致，但它们能够带给消费者的体验仍然与真实的商品不同——消费者无法"把玩"这些商品，无法查看他们感兴趣的特定细节。预制的图片或视频无法满足每一个消费者不同的需要。提供更多的图片或视频也不是一个万全的方法，因为那会影响浏览体验。受制于图库的规模，消费者很难对商品的所有细节进行深入了解。然而，对高单价品类，如时装、名表、首饰、收藏品等，这些细节往往又是打动消费者的关键。线下实体店也面临着相似的问题：虽然它们可以提供实物供消费者"把玩"，但由于实体店的空间有限，无法提供所有的品类、设计和搭配，有时也需要依靠图片或视频解说。

（2）帮助消费者捕捉商品的细节。

敏锐的销售人员往往能够在消费者"把玩"一件商品的时候捕捉细节。例如，消费者到底喜欢商品的哪个部分？他们最关注设计的哪个部分？他们是否在寻找心仪的颜色或款式？等等。但并非每一个销售人员都有足够的经验去捕捉这些细节。如果消费者是通过线上网店浏览商品的，那么要捕捉到这些细节就更难了。由于缺少与消费者面对面的互动，品牌商和零售商会失去主动提出建议的机会。也许它们的确具有满足消费者需求的方案，但由于根本没有机会与消费者进行交流，也可能失去商机。

（3）实现线上体验的线下跟进。

对于高价值的商品，消费者通常会在线上研究之后前往线下购买。这时，门店的销售人员如果能够把握消费者在线上研究的细节，就能增加在线下销售成功的机会。然而将这些细节及时地传递给线下实体店，让它们做好准备，不是一件容易的事情。

2. 观点分享——打造真实的"触感"，激发消费者的购物欲望

对高端消费品市场而言，针对每一位消费者打造个性化的体验会获得比一般消费品市场更好的回报。高端消费品销售原先依赖线下渠道提供这些体验，

线上渠道只作为辅助，但随着消费者购物习惯的进一步改变，高端消费品商家也必须考虑提升消费者的线上体验。无论是线上还是线下，重要的是商家能够为消费者展现其商品的全貌，根据消费者的需求迅速提供商品细节信息，并通过新技术捕捉消费者的兴趣点。这包括以下几个方面。

（1）提供"实物在手"般的体验。

采用先进的 3D 成像技术而非仅仅提供图片，使消费者可以像在实体店一样自由地查看商品的每一个细节。这对网上商店固然重要，但对实体店同样重要，即使遇到缺货的情况，商家也可借助这一技术，让消费者获得如实物在手一般的感受，帮助他们轻松了解商品的所有细节。

（2）实现智能互动。

通过数字技术打造的 3D 成像模型，商家可以获得关于消费者喜好的更多信息，例如消费者对具体细节的关注。无论是在实体店还是在网上商店，商家都可以根据这些信息提供进一步的反馈。例如，如果消费者在其浏览 3D 成像模型的过程中对某一配件表现出特别的关注，那么商家可以主动提供关于这个配件的额外信息或细节，优化消费者体验。

（3）进行个性化定制。

使用 3D 成像技术能够进一步提升定制化服务带来的体验。一方面，商家可以展示近乎无限的定制化组合；另一方面，消费者可以直观地看到定制化产品最终的样子，从而更可能下决心购买。这些定制化信息，还将进一步与后端的生产管理环节自动衔接。

3．新方案的探讨

SAP 与一家提供光场采集和渲染技术的初创企业就这些设想展开了探讨。这家企业为商家 PC 端和移动端的网上商店中介绍的商品提供可复现实物商品的 3D 模型展示。此外，该初创企业的技术还支持消费者与这些 3D 模型进行一定程度的互动，包括旋转、缩放及替换某些配件（如手提包的背带、珠宝上的宝石种类，以及汽车内饰等）。SAP 在初创企业提供的解决方案的基础上进一步打造了以下两个能力。

（1）对消费者与 3D 模型的互动过程进行分析，并将洞见提供给商家，供商家做出反馈。

例如，如果消费者一直在尝试不同颜色的组合，那么商家可以根据消费者的偏好（如依据历史购买记录等）给消费者提供不同的色彩搭配建议。

（2）帮助商家完成交易和交付流程。

如果消费者决定购买，包含定制化信息的订单将被传送到生产制造流程。如果消费者决定"暂存于心愿清单"中，这份选择将被加入消费者的个人资料中。当消费者到访实体店时，商家可以在这个心愿清单的基础上，继续与消费者展开对话，以提供更贴心的服务。

在将双方的解决方案和技术进行融合后，我们打造了如下所述的联合创新方案。

（1）展示商品及了解消费者关注点。

商家使用初创企业的技术，将商品的 3D 模型内嵌在微信小程序等电商平台中。当消费者使用这些平台的时候，就可以自由地旋转、缩放模型来观察商品细节，并可根据偏好更换商品配件。在这个过程中，SAP 电商云将记录这一系列操作，并在后台通过 SAP 营销云等相关应用将其与消费者和商品关联起来，生成包含消费者关注点在内的消费者画像。

（2）提供定制化服务及促进客户转化。

当消费者决定下单时，其选择的设计、样式、颜色及配件等将随订单传送给生产部门，并通过供应链协调进行柔性生产。若消费者决定暂时不购买或中止浏览，其浏览的结果将被保存在消费者的记录中。如果消费者再次浏览该商品或到访实体店，销售人员可以连接消费者资料，复现上一次浏览的结果，并提供进一步的引导。此外，初创企业还为实体店提供了"虚拟盒子"，销售人员可以将 3D 影像投影到屏幕或 3D 展示设备上，从而得到更真实的 3D 效果。

图 8-4 总结了该联合创新方案如何打造完整的新零售体验，包括商品展示和深入了解消费者关注点 2 个关键场景。

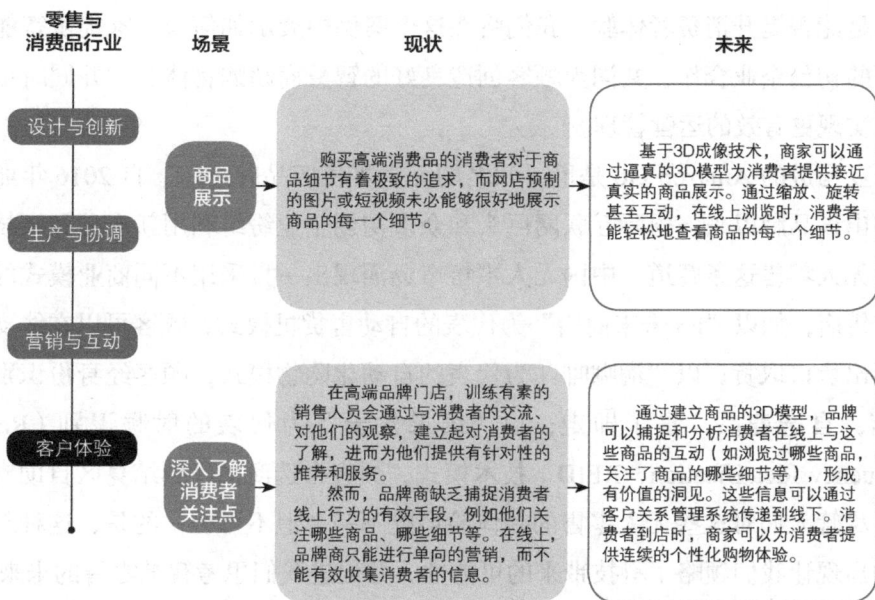

图 8-4　联合创新方案打造完整的新零售体验

4. 新零售体验的未来

在编写本案例时，SAP 正在探讨为一家文化体验企业提供一款虚拟旅游产品。消费者可以在线上体验其旅行套餐，包括在购买旅游产品前对景点进行虚拟游览等。未来的线上业务不仅是指电商或网店交易，还指能够提供如线下一般的身临其境的体验。同时在线下，同样通过 3D 成像、AI、IoT 等技术，可以在有限的空间内将商品内容展示出来，甚至可以在不同的地点和时间为消费者延续同一体验。这些新技术，围绕着消费者体验，将给零售和消费品行业带来全新的未来。

8.3.4　案例 13——基于智能购物车的智慧购物体验

本章最后一个案例聚焦"无人零售"话题。围绕无人零售的争议，其核心仍然是能否提升消费者体验。我们将在这个案例中展示如何与一家提供智能购物车的初创企业合作，共同为顾客创造良好的智慧商超购物体验，并同时帮助门店实现更有效的运营管理。

亚马逊的 Amazon Go 是世界知名的无人零售店品牌之一。自 2016 年亚马逊推出该品牌以来，国际互联网巨头和众多初创企业纷纷利用新产品和新技术涌入无人零售这条赛道。中国无人零售市场涌现出一批采用不同商业模式的无人零售店，如以"F5 未来商店"为代表的自动售货机模式，顾客可以在线支付后到出货口取货；以"淘咖啡"为代表的自动化购物模式，顾客经身份识别后进店，自选商品，拿了即走；以"缤果盒子"为代表的射频识别（Radio Frequency Identification，RFID）技术模式，顾客自选商品、到结算区自助支付等。尽管人们对这些无人零售的新体验褒贬不一，但不可否认的是，这种新模式的出现让我们领略了科技带来的可能性，并促进我们思考智慧零售的未来。

1. 线下零售店智能化改造中遇到的新挑战

毋庸置疑，无人零售具有显而易见的优势。首先，这种全新的模式和购物体验吸引了年轻一代，带来了可观的流量。其次，无人零售意味着可减少店员，因此会节省人力成本。最后，也是最重要的，无人零售引入了大量的数字化服务，大幅提升了运营流程的标准化。同时无人零售生成并捕捉了大量有价值的数据，可以为商家日后的营销和促销活动奠定基础。但为什么不是每家店铺都立即升级改造为无人零售店呢？显然，升级改造还面临着诸多挑战。

（1）将现有店铺升级为无人零售店并非易事。

仅仅是在天花板上或每个货架上安装摄像头就需要投入大量的资金和时间。通常，一家 Amazon Go 便利店需要安装上百个摄像头。如果想进一步改善消费者体验，还需要安装不同类型的传感器。此外，日常运营中，管理数百甚至数千个智能设备也需要花费相当多的时间和成本。尽管这些工作可以通过外包或购买服务包的方式完成，但零售店仍需要解决改造及运营中的各种潜在问题。

（2）顾客需要适应新的消费方式。

顾客体验是十分重要的。在很多顾客眼中，无人零售店也许并没有想象中的那么美好。他们进店时需要手机扫码，购物过程会被数百个摄像头"监视"。一些商店只提供虚拟货架，在仅有的几个屏幕上展示上千种商品，这可能会使人们难以挑选、拣取或仔细查看。顾客需要为适应新技术做出改变，但并非所有人都愿意做出改变。

（3）投资回报难以保证。

对零售商来说，无论采用哪些新技术，它们最终关注的仍然是店铺的经营效益及顾客每次到店的消费情况。受技术限制，一些无人零售店可能会限制店内同时容纳的人数。此外，并非所有商家都对新技术有充分的理解，就更谈不上合理运用这些技术（如实时促销）为零售店创造更多的收益了。有时候，技术反而会带来更多的麻烦。

2. 观点分享——"性价比"最高的数字化，打造顾客和商家双赢的智慧购物体验

让我们先把技术放在一边，首先关注零售业，特别是希望采纳无人技术的商超所需要考虑的基本问题。对商超来说，它们通常利薄如纸，提高每平方米的销售额是它们关注的首要问题。要做到这一点，一方面要提升客流量，另一方面要提升每一个顾客的消费额。对顾客来说，他们追求更好的购物体验。在商超购物时，顾客通常会遵循固定的购物习惯和事先列好的购物清单行动，同时也会对新产品有一定的兴趣。至于新技术，如果科技能够帮助他们更好地完成购物流程，顾客会对这些科技表示欢迎，不过，通常他们并不希望为了新技术而过多地改变自己的消费方式。因此，可以从以下几个方面进行考虑。

（1）对商超的改造应保护现有投资。

在提升商超智能化水平的同时，我们希望能尽可能地节约成本，采用对商超店内布局和现有运营方式影响最小的解决方案，同时，这个方案最好也不要过多改变消费者的行为模式。我们认为智能购物车也许是一个不错的切入点。

（2）建立准确的顾客资料。

在许多零售店，特别是商超这样的连锁店，大多数顾客都是常客。他们可能已经养成了固定的购物习惯。各连锁店应该能够准确采集并共享这些信息，并以此为基础为顾客提供便利的购物体验。同时，商超也应该打造自身的分析能力，以观察综合客流，每个顾客消费的频次、金额等信息，逐步提升盈利能力。

（3）提升顾客体验。

在与顾客的互动方面，商超的首要目标是利用智能设备提升顾客的体验。我们之所以认为智能购物车是一个很好的选择，其原因之一就是与摄像头等设备相比，智能购物车创造了与顾客的新触点。借助智能购物车，商超可以根据顾客的购物情况，实时做出推荐和建议。例如，如果顾客将意大利面放入购物车，商超可以向他推销某种特色酱汁。又如，如果商超新进了一批新商品，也可以通过智能购物车向顾客进行推荐。

3．新方案的探讨

目前，市场上有很多针对无人商店或数字化商店开发的优秀解决方案。基于前面的思考，我们希望推出一个现有零售店可以轻松采用，能保护零售店的现有投资，并且对它们业务和顾客体验的提升有显著帮助的方案。我们与一家提供智能购物车的初创企业就这个方案展开了合作。这种智能购物车融入了很多新科技应用，包括互动屏、可以检测购物车内商品的传感器、结账系统、店内定位功能等。同时，智能购物车还能与电子价签进行互动。使用这种智能购物车，顾客可以像在普通店铺内一样挑选商品，智能购物车则可记录顾客在购物车内放了什么商品，并在购物结束时帮助他们在购物车上完成结账。无论是无人商超还是普通商超，都可以轻松采用这个方案。

在智能购物车基础上，我们做了以下两个方面的延伸。

一方面，将客户信息管理系统与智能购物车连接起来，使得智能购物车成为在店内陪伴顾客的移动助手。在征得顾客同意的情况下，该智能购物车可以帮助他们完成注册或登录，并为他们提供包括促销和推荐在内的多种有价值的信息。

另一方面，也将零售店与智能购物车连接起来。零售店可以结合新品和库存情况，向特定用户进行有针对性的推荐，例如向那些重视生活品质的顾客重点推送当日到货的新鲜食材等。通过定位功能和电子价签的结合，智能购物车还可以引导顾客前往推荐商品的位置。

在将双方的解决方案和技术结合后，我们针对以下场景推出了联合创新方案。

（1）进店购物。

当顾客进入商店后，首先会在智能购物车上进行扫码。购物车将识别该顾客，并在顾客许可的情况下连接其资料及其历史购买信息。根据顾客之前购买的商品和上次购物的时间，智能购物车将在屏幕上向他们提供一份本次购物的推荐参考商品清单。

（2）个性化购物导航。

在顾客逛店并陆续将商品放入购物车时，屏幕会不断刷新商品清单，划去已购商品，添加新品，顾客则可以跟随这份系统提供的清单的引导，继续购物。利用定位功能，购物车还可以为顾客进行店内导航。当有新品推出的时候，智能购物车可以推荐顾客尝试新品。

（3）"不会错过"的优惠。

这份特别的购物清单还可根据顾客在商店内的位置及周围摆放的商品进行实时更新，同时购物车中的信息将被传送到商店的营销系统进行实时分析。系统会决定是否需要将哪种商品的促销信息推送到购物车的屏幕上。这些商品可能是与购物清单有着强关联的商品，比如谷类食品与牛奶，或者是顾客喜好的商品的替代品牌。由于这种促销是实时且个性化的，根据当下的场景和购物车已有内容而定，因而往往会达到非常好的效果。最后，顾客可以选择在购物车上结账。其记录会上传到商家的客户信息管理系统。

这个联合创新方案的终极目标是改善顾客体验，顾客不仅可以像过往一样购物，而且可以体验到更多的便利，可以根据"一对一私人助理"提供的建议选购商品，并发现他们可能喜欢的新品。这些新颖且更佳的体验，可能会使顾客愿意增加支出，尝试新品。对商店来说，这样的解决方案门槛较低，但能够迅速帮助它们完成大部分数字化管理工作，并提升单位面积的销售额。

图 8-5 总结了该联合创新方案给智慧购物体验的打造带来的改变，涉及进店购物、个性化购物导航、"不会错过的优惠" 3 个关键场景。

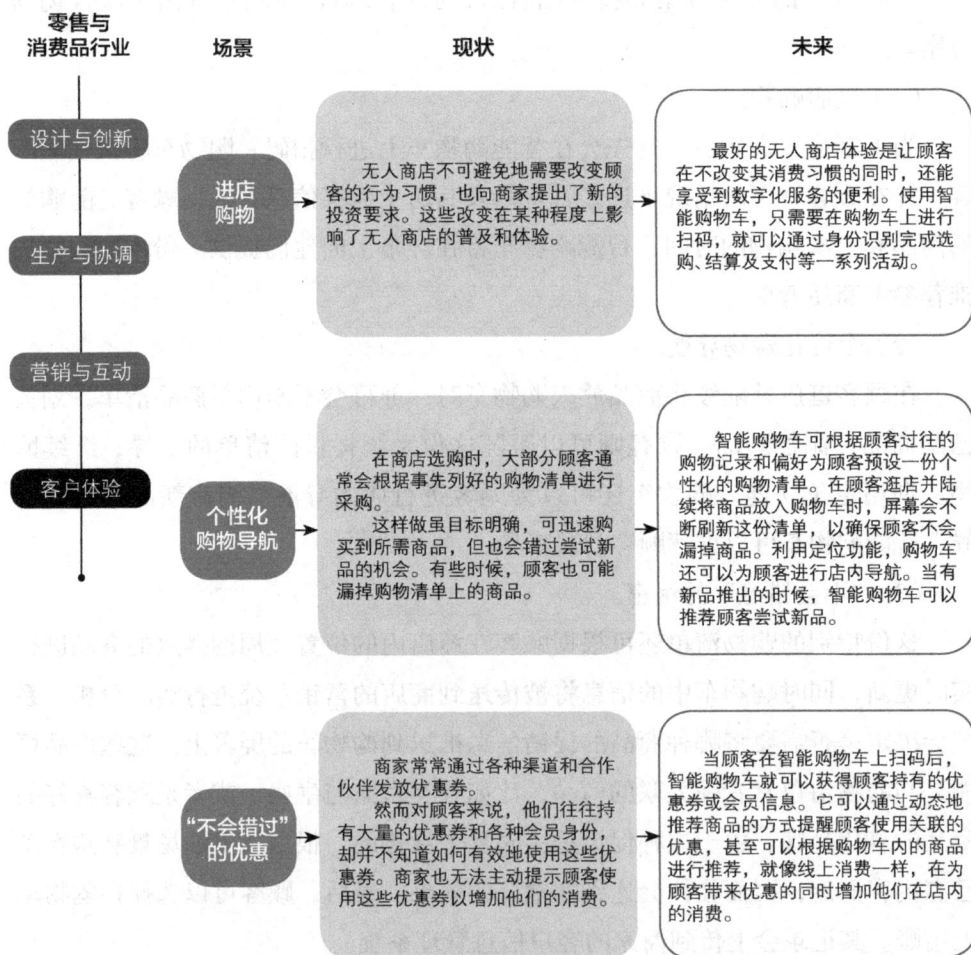

图 8-5　联合创新方案给智慧购物体验带来的改变

4．无人零售的未来

无人零售何去何从，是否能够被广泛采用，目前尚无定论。但零售业的核心关注点应当是顾客的体验，以及零售商的利润空间。新技术应给人们带来更加简单美好的体验，而非改变人们的行为习惯以配合技术。以无人零售为例，我们不能为了"无人"而做无人零售，我们必须考虑到，顾客是否能够更方便、更轻松地选购他们喜爱的商品，新技术是否能够帮助他们从烦琐的流程（如排队）中解放出来。我们也必须考虑到，商家能否更好地管理其零售店，能否更方便地服务顾客，新技术是否能够帮助商家提升利润率，等等。我们认为无人商店是一个很好的探索方向，其未来也许不是实现完全的无人化，而是充分使用数字技术和智能技术，回归零售行业的本质，通过创新带来更多的便利和盈利。

第 9 章

医疗服务行业

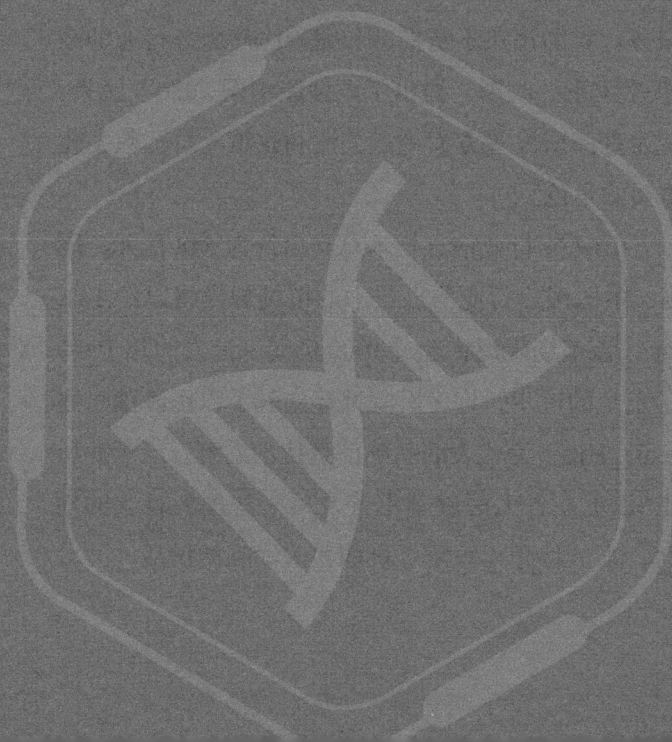

自人类文明进入现代社会以来，医疗服务行业扮演的角色越来越重要。按照 IDC 的预测，从在 IT 方面（包括软件、硬件及相关 IT 服务）的支出来看，医疗服务行业已经成为与金融服务行业及电信行业等并驾齐驱的最大的几个行业之一。多家 PE/VC（私募股权和风险投资）研究机构的数据显示，2022 年，对于医疗服务行业的一级市场投资，已经仅次于新能源（包括新能源汽车），位列第二。这不仅归功于新药开发及治疗方法方面的创新，而且离不开医疗服务机构在管理和服务方面的数字化转型。各国政府的政策导向，也在这一系列的创新与数字化变革中发挥着重要的作用。

9.1 我国医疗服务行业的发展现状及面临的挑战

除了应对各式各样的卫生与健康问题，医疗服务行业的从业者还必须面对一系列宏观经济发展的挑战。例如，与世界上许多国家一样，我国也正面临日趋严重的老龄化问题，迫切需要建立起更优质的医疗体系，提供低成本、广覆盖、高效率、高质量的医疗服务。我国正在不断推进和完善医疗服务行业的数字化转型。政府进一步深化医疗体系的改革，提出了"健康中国 2030"愿景，并给予了医院、公共健康系统及药品研发等方面重点关注和政策支持。数字化转型在这许多方面都扮演了重要的角色。

IDC 数据显示，2019 年，中国医疗行业信息技术总支出约为 548 亿元，同比增长约 11.5%。IDC 还预测，中国医疗行业信息技术的市场规模将以约 14% 的增长率持续增长，到 2024 年，该市场规模将超过 1000 亿元。过去的几十年，我国医疗行业的数字化取得了长足的进步，许多医院都建立起了以医院信息系统（Hospital Information System，HIS）为代表的基础信息技术系统。电子病历（Electronic Medical Record，EMR）在各大医院基本普及，一些发展较快的地区正在逐步构建数据共享平台。本节将介绍医院等机构普遍面临的挑战，并分享这个领域领跑者们的思考与创新。

过去的 20 多年里，我国在医疗服务领域取得了有目共睹的成就。人均卫生费用从 2000 年的 361.88 元增加到 2018 年的 4148.1 元，增长了约 11 倍；人均预期寿命从 2000 年的 71.4 岁增加到 2018 年的 77 岁。尽管如此，在医疗服务领域，我国仍有许多待提升之处。

（1）医疗资源不足和分配不均衡。

我国庞大的人口基数对医疗服务行业提出了较高的要求。虽然之前提到，我国在医疗服务方面已经取得了显著的进步，但在人均医疗资源方面，我国与一些发达国家仍然存在着一定的差距。比如，《2019 中国卫生健康统计年鉴》显示，截至 2018 年，中国每千人拥有执业（助理）医生 2.59 名。（但从总量看，中国的医护比约为 1∶1.13，这与原卫生部在 2015 年提出的 1∶2 的比例相比，仍有较大缺口。）而在德国、法国、意大利等国家，每千人医生数在 4 人以上。目前我国每 10 万人拥有的 ICU 床位数约为 3.6 张，而在美国和德国，每 10 万人拥有的 ICU 床位数分别为 35 张和 30 张左右。此外，国内大部分优质医疗资源都集中在城市，尤其是一、二线城市；农村地区或三、四线城市的医疗资源覆盖率，特别是先进医疗设备的覆盖率还较低，人们不能及时获得充足的医疗支持。

（2）医疗资源管理效率有待提高。

在医疗资源有限的条件下，对于这些资源的管理和应用就显得更为重要。医疗资源管理主要需要考虑两个方面的内容。一方面是实际资源的调配问题。对每家医院来说，医生、病房、床位、手术室和设备等都是重要的医疗资源。规划不善、管理不透明等问题会影响资源的最优使用。另一方面则是医疗费用管控问题。根据最新的医改政策，医院需要与社保机构共同负担医疗费用支出，如何有效控制整体运营成本成为每家医院都在探索的重要课题。

（3）缺乏与患者的有效互动。

由于医院或医生非常繁忙，有时会存在无暇主动追踪患者的治疗效果或康复情况，也无暇关注患者对医疗服务是否满意的问题。另外，除非患者对就诊体验非常满意或非常不满，他们一般不会主动向医生或医院反馈。这使得医院和医生难以对诊疗方案或医疗服务进行改进。更进一步来说，对于一些慢性病患者，如果缺少持续、系统性的跟踪治疗，将会严重影响他们的康复进程，还会给捉襟见肘的医疗系统带来更大的负担。

以上仅列出我国医疗服务行业面对的一些基本的挑战。随着人口的老龄化、人口流动性的增加以及全球气候变化等带来日益严重的问题，医疗服务行业需要面对的挑战也越来越多。所幸的是，包括人工智能在内的数字化技术正在协助医疗服务行业提升效率。无论是在新药研发等一些独立环节，还是医疗机构的管理改革，或是信息的传播与管理方面，数字化技术正发挥着重要作用。

9.2 医疗服务行业的数字化进程

对一个拥有 14 亿人口的国家来说，医疗服务体系的改革是一项宏大的工程。在这一变革中，公立医院及各级附属医疗机构将在国家政策的引导下持续发挥主导作用。截至 2018 年，公立医院患者接待量占总接待量的 85% 以上。同时，私立医院也开始扮演更为重要的角色。截至 2019 年，私立医院的数量约为公立医院的两倍，预计到 2023 年，将扩大至 3 倍。

随着科技的迅猛发展，市场上涌现出大批基于生物技术、面向医疗健康领域的初创企业。以 2020 年为例，无论是从股权投资的项目数量还是从金额来看，医疗服务行业都领先于其他行业，总投资额超过 200 亿美元，占市场新增资金的 20%。部分企业更是有望成为推动我国医疗服务行业数字化转型的重要驱动力。

9.2.1 医疗服务行业产业链关键环节的数字化

通过与众多医疗健康领域客户，以及提供创新技术和解决方案的初创企业的深入探讨，我们认为医疗服务行业的数字化转型将重点围绕以下几个关键环节展开，如图 9-1 所示。

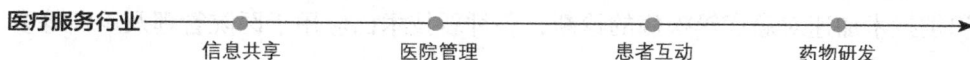

医疗服务行业 ——————————————————————————————————————▶
　　　　　　信息共享　　　　医院管理　　　　患者互动　　　　药物研发

图 9-1　医疗服务行业数字化转型的关键环节

（1）医疗信息共享平台的构建。

医疗服务行业的数字化转型，依赖于医疗信息共享平台。利用这个信息共享平台，可以按照一定的机制、协议和安全标准，实现患者、医院及其他部门之间的信息共享。这不仅有利于医疗信息的共享，而且满足患者转院等运营方面的需求也更加便利。此外，三甲医院还可以利用这个平台扩大对其他医院的支持，例如将先进的诊断技术扩展到三、四线城市的医院。在搭建信息共享平台的过程中，不可忽视的是，必须建立严格的数据安全、隐私和授权机制等。

（2）医院管理的数字化。

医院是公共卫生体系的前沿。仅 2020 年，我国的医院诊疗人次就达 33.2 亿。医院的数字化是构建数字化医疗服务体系的基础，其大致应包含以下 3 个方面的内容。

· 医院内部流程的自动化。医院内部流程的自动化包括为提升医院内部管理规划能力而采用的医院资源规划（Hospital Resource Plannig，HRP）系统，以及提升从挂号、问诊到治疗在内的医院内部运营能力的 HIS 等。此外，流程自动化还依赖相关的新技术，例如在药物管理中广泛采用的 RFID 及具备跟踪记录功能的 IoT 技术等。

• 患者管理系统的数字化。与商家经营客户关系的理念类似，医院也正在不断完善以患者为中心的患者管理系统，为患者提供更为便利的挂号、问诊、治疗、支付、长期跟踪等服务。这一系统已逐步扩展到线上，特别是移动端，目前国内超过 60% 的医院已经做到了这一点。

• 在诊疗中不断采用先进技术。从电子病历的结构化处理，到利用 AI 图像识别技术加速对癌症等疾病的诊断，各种新技术已应用于医院管理及诊断等多个方面。一些医院还开始在前期问诊中使用 NLP 机器人与患者进行互动，从而真正做到将整个就诊流程数字化，并将其轻松地集成到医院的信息处理流程中，以期提高诊疗效率。

（3）与公众和患者建立起数字化的互动。

依托数字平台，医院和政府有望与公众和患者建立起顺畅的院内、院外互动流程。这将覆盖从公众健康状况监测、体检、咨询、诊断、治疗、转诊到随访的整个周期。借助可穿戴设备和其他 IoT 技术，医院可进一步对慢性疾病患者在家中的情况进行长期监测，患者可以加强自我管理。

（4）药物研发数字化。

目前，药物研发领域的医学研究机构（Medical Research Institution，MRI）已开始运用大数据、AI 等技术来加速临床试验过程——新药和疫苗开发中最耗时的环节之一。AI 可以帮助医生有效判定药物（例如疫苗或是抗癌药物）的功效。按照标准化流程使用大数据技术可以帮助研究机构制定有效的试验患者分组策略，并对药物的功效进行比对。利用前面讨论的数字平台，医学研究机构更容易实现规模化，分析更为广泛的数据，从而更快地生产出有效的药物或疫苗，节省大量的资金与时间投入。

9.2.2　从优秀企业到医疗服务行业领军者的跨越

过去几十年，我国在医疗服务领域已经取得了世界瞩目的成就，特别是随着医疗领域信息化步伐的加快，涌现出一批优秀的数字化实践。目前患者已逐步习惯使用智能手机在医院提供的 App 上进行预约挂号。此外，电子病历已在大多数医院得到普及，这使得患者就诊时不再需要携带纸质的医疗手册，医生可以通过电子病历了解患者过往的就诊记录，从而为患者提供更准确的治疗方案。另外，很多医院都开始采用各种数字化系统对院内的各种医疗资源进行规划和管理等。

但要实现"健康中国 2030"的宏伟目标，仍有很长的路要走，医疗服务领域的数字化还有很大的提升空间。例如，通过医疗服务云端化，实现公众通过移动设备访问或获取医疗服务资源。建立跨医院、跨区域的数字化管理平台，构建更为透明、高效的数字化资产管理系统，为患者提供更及时的救治。通过提供覆盖院内外的完整的患者互动解决方案，医院可以提供以患者体验为核心的服务，建立起从健康咨询到长期跟踪的闭环管理模式。医院还将利用不断精进的 IoT、AI 等新技术为患者，特别是那些居住在偏远地区的人们提供更为优质的医疗服务。而医学研究机构则将充分利用大数据分析和 AI 技术，通过与数字平台连接，构建全新的临床试验研发体系，大幅提高新药研发的效率和药物的有效性。本节对医疗服务行业当下的最佳实践，以及行业领先者采用的做法进行了总结（见表 9-1）。

表 9-1　实现从最佳实践到行业领先的跨越

进程	信息共享	医院管理	患者互动	药物研发
最佳实践	可定期更新的全数字化公共卫生数据	HIS 与院内资源规划	患者病历数字化，如采用电子病历数字化系统等	数字化临床试验流程
行业领先	基于移动数据的即时社区健康地图，支持公共卫生管理和疫情防控，平衡风险和对经济活动的影响	支持跨医院、跨区域的数字化管理平台的医院数字化资产管理系统及数字化诊疗流程，并采用 AI、IoT 等新技术	覆盖院内外的完整的患者互动解决方案，提供从健康咨询到长期跟踪，以患者体验为核心的服务	采用大数据分析和 AI 技术，通过与数字平台连接，构建全新的临床试验研发体系

9.3 新型的创新模式面向医疗服务行业打造的联合创新方案

本节将分享 3 个 SAP 与初创企业共同打造的创新案例。第一个案例重点关注基层医疗机构目前面临的医疗资源不足的问题。通过将初创企业提供的智能设备与 SAP 患者管理解决方案相结合，在县域医疗卫生共同体内，为更多患者，特别是慢性病患者，提供更为准确的早期诊断与及时的诊治，从而大幅提升基层医疗服务水平。第二个案例聚焦医改中的一个重要课题，即如何在医院推广按诊断分组（Diagnosis Related Groups，DRG）模式。通过初创企业提供的技术，帮助医院将现有数据转化为符合 DRG 标准的数据，并在 SAP 平台上将这些数据进行整合、分析，为医院提供费用支出的清晰视图，并对管理进行更为深入的分析，最终在确保医疗服务质量的同时，有效降低医疗费用的支出。第三个案例聚焦医学研究机构，通过将初创企业提供的影像分析解决方案与 SAP 的系统结合，加速针对肿瘤等重大疾病的诊断、治疗和临床研究，最终实现个性化治疗的目标。

9.3.1 案例 14——智能设备与县域医疗卫生共同体的结合，提升基层医疗服务水平

我国医疗服务行业面临的主要的挑战之一是如何有效覆盖庞大的人口和广阔的地域。在本案例中，我们将探讨如何通过智能化诊断设备协助县域医疗卫生共同体构建一个创新的数字化体系，从而帮助基层医院大幅扩大疾病早期诊断的覆盖范围，改善为患者提供的服务和患者的体验。

经济的快速发展使人们的生活水平得到了显著的提高，但同时，包括心血管疾病、脑卒中、癌症在内的各种慢性病在农村的发病率也在不断上升。基层医生和诊所越来越难以满足农村地区对医疗卫生服务日益增长的需求。

县域医疗卫生共同体（简称医共体）是我国基层医改的一项新尝试，它将县级医院、乡镇卫生院、村卫生室等相对分散的基层医疗资源进行整合，通常以县级医院为中心进行对接。医共体内基层医疗机构之间的资源可以共享。医共体的建立旨在帮助基层医疗机构提高医疗水平和能力，扩大疾病初期筛查和诊断的覆盖范围，使中心医院的工作重点聚焦于对患者的进一步治疗和护理上。

1. 基层医疗系统面临的挑战

医共体的设立从制度上为提升一线医疗机构的能力和覆盖水平提供了基础。但要切实提升基层医疗系统的医疗服务能力，医共体仍然需要通过数字技术提升相关能力。我们以防治脑卒中为例来说明医共体提升这些能力的重要性。脑卒中已经成为我国居民的三大主要死亡原因之一。如果潜在患者能够得到及时的治疗，将大大降低死亡率。在医共体的框架下，如果能够协助基层医疗机构对脑卒中进行"早发现，早诊断，早转诊"，意义将非常重大。要推进这项工作，必须解决以下问题和难点。

（1）最大化疾病检测的覆盖面。

颈动脉阻塞或狭窄会显著增加脑卒中的风险。目前发现和识别这种风险最主要的手段是利用颈动脉超声成像设备进行早期筛查。但是，超声设备通常价格不菲，且不便于携带，这就阻碍了脑卒中筛查在农村或偏远地区的广泛展开。

（2）提升早期诊断能力。

目前我国拥有超声设备阅读资质的医生绝大多数分布在二级甲等医院和三级医院。基层医院具备相关资质的医生少之又少。因此，即使基层医疗机构能够配备超声设备，但人才的匮乏仍然限制了对潜在患者进行诊断的能力。

（3）及时对患者进行转诊与治疗。

一旦发现高风险患者，一线医务工作者应帮助他们尽快在上级诊所或中心医院预约挂号，以便安排进一步的检查和治疗。然而，由于缺乏统一、透明的医疗资源信息管理，一线医务工作者往往无法协助患者完成转诊等相关手续。患者往往会由于对相关手续不熟悉，加上讳疾忌医等，最终延误了治疗的最佳时机。可能仅有一小部分经过早期诊断的患者得到了及时的治疗。

2. 观点分享——实现信息采集、疾病诊断和资源管理的数字化，提升基层医疗诊治水平

医共体是通过顶层设计实现医疗资源全覆盖的行之有效的方案。在这个框架下，要真正实现"基层首诊、双向转诊、急慢分治、上下联动"的分级诊疗模式，医共体需要运用数字技术提升一线医疗诊治水平，并增强医共体内上下级之间资源的共享及分配能力。具体而言，我们认为应主要构建起 3 个方面的能力。

（1）数字化信息采集能力。

医共体的数字化流程始于与患者的接触。在脑卒中的筛查中，特别要确保一线医务工作者可以通过普查获取一切必要的患者医疗数据，包括患者的电子病历及前文提到的超声图像等。这就需要有适合一线医务工作者使用的便携式超声成像设备的支持。这些便携式医疗检测设备一方面可以大大提升基层的诊治能力，另一方面也可以满足偏远地区不方便前往医院的患者的需求。

（2）远程协作与诊断能力。

在上述数字化信息采集完备的基础上，医共体应具备远程协作与诊断能力，支持基层医院完成初步诊断，以解决基层医院普遍缺乏具备超声设备阅读资质的医生的问题。同时，对于超声图像等标准化数字信息，还应逐步建立起在 AI 技术辅助下，直接由一线医务工作者进行初步排查的能力，以减轻中心医院医生的负担。随着 AI 技术的不断成熟，以 AI 辅助进行初步诊断将成为医生在疾病诊断中不可或缺的途径。

（3）数字化资源管理能力。

医共体内部需要建立起跨不同实体的资源规划系统和平台，以实现对医共体内相关医疗资源的统筹协调。对一线医务工作者来说，一旦发现高风险患者，可以立即通过平台和相关系统，为患者预约下一步的转诊乃至住院治疗等服务。这将极大地提升患者的就医体验，并解决诊断和治疗脱节的问题。同时，统一的资源规划平台也能帮中心医院更好地掌握医疗资源的供需情况。医共体亦需要建立与资源协调配套的不同实体间的费用结算、预设流程和规则等。

3. 新方案的探讨

SAP 致力于医疗服务行业的创新，旨在为每一位有需求的患者提供更好和更方便的医疗服务。SAP 的患者管理系统，通过向众多第三方应用程序和用户开放的互联互通的医疗平台，为患者提供更为优质、便捷的医疗服务。本案例针对农村地区脑卒中患者的筛查和诊断场景，将 SAP 的创新平台与一家初创企业提供的便携式超声设备进行了结合。这家企业提供的便携式超声设备性能强，价格低。此外，该企业还提供基于 AI 的图像分析功能，一线医务工作者可以远程连线中心医院的医生，在其指导下进行阅片诊断。

依托便携式超声设备，我们引入了 SAP 患者管理系统和医院资源管理系统，在以下两个方面实现了进一步的提升。

（1）患者管理方面。

SAP 的患者管理系统能够为每一位患者建立涵盖电子病历及诊治过程的完整视图。通过整合超声设备获取的图像和初诊结果，可以在后续治疗过程中为每一位医生提供完整、统一的信息，并为转诊的接收医院提供有关患者病情的基础数据。

（2）资源管理方面。

通过医院资源管理系统及其拓展平台，可以实现医共体内从医生到病房等资源的统筹协调。一线医务工作者可以根据平台查阅实时的资源可用性信息，协助患者预约和安排下一步治疗。

基于我们双方的深入探讨与合作，我们针对以下场景设计了联合创新方案。

（1）疾病的早期筛查。

一线医务工作者使用便携式超声设备进行巡诊。超声图像将被上传到初创企业开发的系统中进行分析。当系统发现疑似病例时，一线医务工作者可以通过远程连线，与中心医院分享图像和病例信息，并在专家的指导下进行现场诊断，对患者是否需要进一步检查和治疗做出及时、准确的判断。

（2）疾病确诊。

现场诊断的结果及通过超声设备获取的图像等数据将被上传到 SAP 的患者管理系统中，系统为每位患者建立（或更新）对应的电子病历。如果需要进一步的安排，例如上文提到的远程诊断，该电子病历与相关图像信息将按照一定的规则被分享给指定的医院。电子病历将被保存在医共体的患者管理系统中，以便进行追踪。医共体可以据此制订相应的跟踪计划，也可以针对患者的需求安排相应的医疗资源。电子病历在医共体内的分享将严格遵循数据隐私相关条例，并需要获得相关授权，从而最大限度保护患者的隐私。

（3）转诊治疗和资源分配。

当医共体积累了一定的患者信息后，就可以评估需求，并为一线医务工作者和医疗机构更好地分配资源。一方面，医共体将通过与各级医疗机构的信息共享，对实时可用的医生、床位等资源进行集中管理。另一方面，医共体将为一线医务工作者提供这些医疗资源信息，便于他们为患者诊治时进行在线预约，并获得及时的支持。

图 9-2 总结了该联合创新方案对基层医疗服务水平的提升，包括早期筛查、疾病确诊及转诊治疗和资源分配 3 个关键场景。

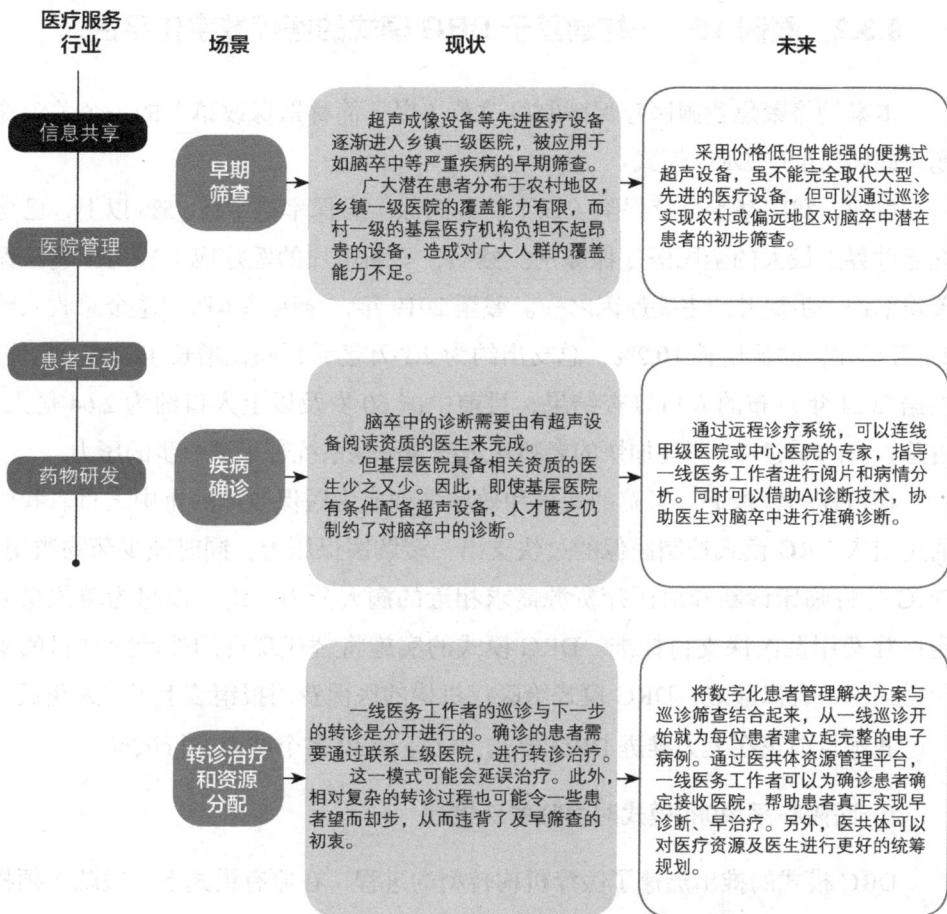

| 医疗服务行业 | 场景 | 现状 | 未来 |

图 9-2　联合创新方案对基层医疗服务水平的提升

4．基层医疗服务的未来

这个联合创新方案是我们与初创企业共同构建的一个设想，希望借此展现数字化可能为医共体创造的价值。在中国人口日趋老龄化、从农村到城市对医疗服务需求不断增加的背景下，通过数字化转型加速提高医共体的能力显得尤为重要。我们期待医疗设备、数字化平台及远程医疗等领域迎来更多的创新。在接下来的案例中，我们将继续与大家分享数字技术在医疗领域的应用。

9.3.2　案例 15——构建基于 DRG 模式的医疗数字化平台

本案例将聚焦我国医疗保障制度改革（以下简称医保改革）的一个关键课题，即如何推广 DRG 模式。

目前，我国基本医疗保险（以下简称医保）参保率稳定在 95% 以上，已建立起世界上最大的全民医疗保障网。然而，不断增加的医疗成本成为影响医保覆盖率进一步提升的主要原因之一。截至 2019 年，全国基本医保基金总收入约 2.4 万亿元，同比增长 10.2%，总支出约为 2.1 万亿元，同比增长 12.2%。此外，根据 2021 年发布的人口普查结果，目前中国 60 岁及以上人口约为 2.64 亿人，占总人口的 18.7%。明显加快的老龄化进程为医保系统带来进一步的压力。

在这样的背景下，医院的费用和效率管理成为医保改革的重中之重。我国通过引入 DRG 模式控制医保的过快支出，缓解医保压力，同时减少药物滥用。DRG 是将临床诊断和对医疗资源需求相近的病人分为一组，以组为单位来制定医疗费用及医保支付标准。DRG 模式的实施将替代现行的按治疗项目的支付模式。一言以蔽之，DRG 模式给医疗机构的医保费用报销装上了"天花板"。

我国目前正在大力推进 DRG 模式，已经在 30 多个城市进行试点。

1. 医院在采用DRG模式时面临的新挑战

DRG 模式的推出加速了医疗机构转型的进程。在原有模式下，医院无须担心医疗费用的总体支出。所有医疗费用由基本医保、商业保险和病患共同分担，上不封顶。而 DRG 模式对医疗机构实行"结余留用、超支承担"的激励约束机制，倒逼医院将医疗费用控制在合理范围内。此外，DRG 模式不仅注重成本的管控，而且可以对医院治疗的质量和效率进行监督。采用 DRG 模式，医院一方面需要提高运营和管理水平，杜绝过度医疗，另一方面需要保持甚至提高医疗服务质量。这些新的要求为医疗机构带来了一系列的挑战。

（1）成本结构的透明化。

要做到对费用的管控，首先需要做到成本结构的透明化。虽然医院已逐步采用 HIS 等来管理内部流程，但采用 DRG 模式，医院仍需根据 DRG 标准建立起相应的成本结构，包括 DRG 标准下各种疾病的标准成本，以及各个科室、每位医生的 DRG 模式执行情况。目前，绝大多数医院尚未建立起 DRG 模式所需的数字化能力。

（2）成本超支原因分析。

在目前的模式下，医疗相关的开支由医保、商业保险及病人共同承担，医院无须担心。在 DRG 模式下，医保费用报销出现上限，医院就必须追踪各项成本。同时，医院也必须健全各科室的管理职能，对超支现象进行分析。首先，要与本地先进水平相比，确定是哪些部分出现了超支。此外，查明超支原因，是由于过度医疗（如不必要的临床检查），还是因为住院时间过长，抑或是因为经验丰富的医生或医疗资源分配不当。如果不能弄清楚这些原因，则难以进行下一步的整改。

（3）治疗方案的优化。

特别要注意的是，医院并非一般的经营型组织，医院需要摒除过度医疗，而不是以牺牲医疗服务水平为代价来降低成本。采用 DGR 模式的目的，是帮助医院将过度医疗中产生的不必要成本节省下来，用相对最优的方案来分配医疗资源，提升对整体病患的治疗水平。医生在整个医疗体系中扮演着重要的角色。他们在很大程度上决定了患者的治疗效果和体验。医生从事的是专业性极强的工作，他们是向 DRG 模式转型的核心。随着医保控费的不断推进，医生必须思考如何根据患者的病情制定最优的治疗方案，最大限度地减轻患者的经济负担，减少医疗资源的浪费。在这个过程中，医院面临的挑战是为医生提供便捷、有效的工具，帮助了解治疗的效果及患者的康复进程，从而决定是否调整治疗方案，从而提升整个科室的效率。

2. 观点分享——业务流程、与病患的互动及绩效管理的数字化，将加速医院实现降本增效

DRG 模式加快了我国医疗卫生事业和医院运营管理的变革，并将有力推动医院的数字化进程，特别是医院管理方面的转型。我们认为，为应对 DRG

模式带来的变化，医院的数字化建设应围绕以下 3 个方面展开。

（1）数字化医院流程。

数字化医院流程主要包括两个方面。其一是通过 HIS，实现医院内部流程的标准化和数字化。HIS 管理着相关的临床信息与流程，可以帮助医院追踪关键环节及相关医生的操作等情况。其二是通过 HRP 系统对各类医疗物资及其他医院资源的消耗进行管理，并与相关的病例挂钩，这与公司成本核算的过程非常相似。结合这两个方面，医院可以进一步完善业务流程的数字化，将 HIS 与 HRP 系统中的数据转化为符合 DRG 标准的信息。这样就可以建立起支持 DRG 模式的数字化基础。

（2）与患者进行数字化的互动。

现代化的医院应建立起从院内到院外，特别是在移动端与患者互动的能力。这涵盖从前期问询、诊治，到康复期持续监测的全过程。与患者的数字化互动不仅会为患者提供良好的体验，而且能够协助医院和医生及时把握患者的康复情况，并对未来的治疗进行预判，进而基于可能出现的医疗资源需求提前做好分配，并将由此产生的费用列入 DRG 标准下的预算中。

（3）关键指标分析。

医院应具备综合分析能力来分析患者各方面的表现，包括核心 KPI，如平均住院时间、床位占用率、每次住院的药物成本、预约挂号爽约率、再入院率等。数字化医院流程保证了各个系统提供的数据的一致性和准确性。接下来，医院可以根据不同管理级别、不同角色的权限划分建立起多维度的分析体系。例如，各科室的负责人可以查看并跟踪相关的 KPI，对比 DRG 标准，了解并改进本科室的运营效率。

3．新方案的探讨

SAP 致力于医院的数字化转型，在病患管理与体验、医疗流程管理、资源管理及分析方面均推出了一系列解决方案，并与国内合作伙伴积极探讨如何借助新技术推动我国医疗改革的进程。就 DRG 模式这一课题，我们与一家深度参与我国 DRG 模式改革的初创企业展开了合作。这家企业不仅利用 NLP 技术帮助多家医院将非结构化数据转换为与 DRG 模型兼容的数据，而且对 DRG 数据进行综合分析，帮助医院和医生参考这些数据制订出更优的计划。

SAP 与这家企业合作，在原有方案的基础上实现了两个方面的提升。

（1）建立统一的数据平台。

我们将分散于各个系统的割裂的数据，包括由初创企业处理的 DRG 数据、医院的 HIS 和 HRP 系统数据等，整合到统一的数据平台，以确保数据的一致性。除了医院内部的分析应用，还通过该企业建立外部连接，与卫生局定期发布的 DRG 参考数据（如平均成本标准等）实现同步。

（2）在数据平台上建立起基于角色的分析。

这里的角色包括医院内不同管理层级的角色、业务线角色及医院外（包括病患、监管机关）的角色等。按照这些角色的需求，我们对分析和报告的内容进行定制化设计。例如，为医院的最高管理层提供包含核心 KPI 等信息在内的完整视图，并与其他地区的平均水平进行对比，为病患提供对其病程的监测分析等。

我们双方针对以下场景，开发出了联合创新方案。

（1）实现医院数据和成本的透明化。

从早期问诊到治疗，我们持续捕获与患者的互动中产生的数据，并与 HIS 和 HRP 系统中的关键数据整合，记录在统一的数据平台上。这些数据会被持续跟踪并转换成与 DRG 模式兼容的数据。根据每位患者治疗的状态，可将数据归类到不同病例中。

（2）通过分析完成成本超支等问题的溯源。

新的解决方案为从医院院长到科室和病房的不同管理层人士构建起实时看板，根据他们的需求进行定制化分析。医院可以以 DRG 模式的组别为单位生成报告，并与本地的标准进行对比；医院也可以以科室为单位，查看各科室的综合表现，包括成本及患者满意度等各项指标。

（3）提升医疗水平及效率。

基于系统捕捉的 DRG 模式下所有患者的治疗数据，新的解决方案按照

DRG 组别总结出不同病种的最优临床治疗方案，以及预估的治疗费用。这将有助于各科室利用阶段性总结提高治疗水平。当然，在任何情况下，这些参照都不应束缚医生的专业判断。

图 9-3 总结了该联合创新方案如何助力医院应对医保控费"天花板"，包括医院成本的透明化、成本超支问题溯源、成本管控与提升医疗水平 3 个关键场景。

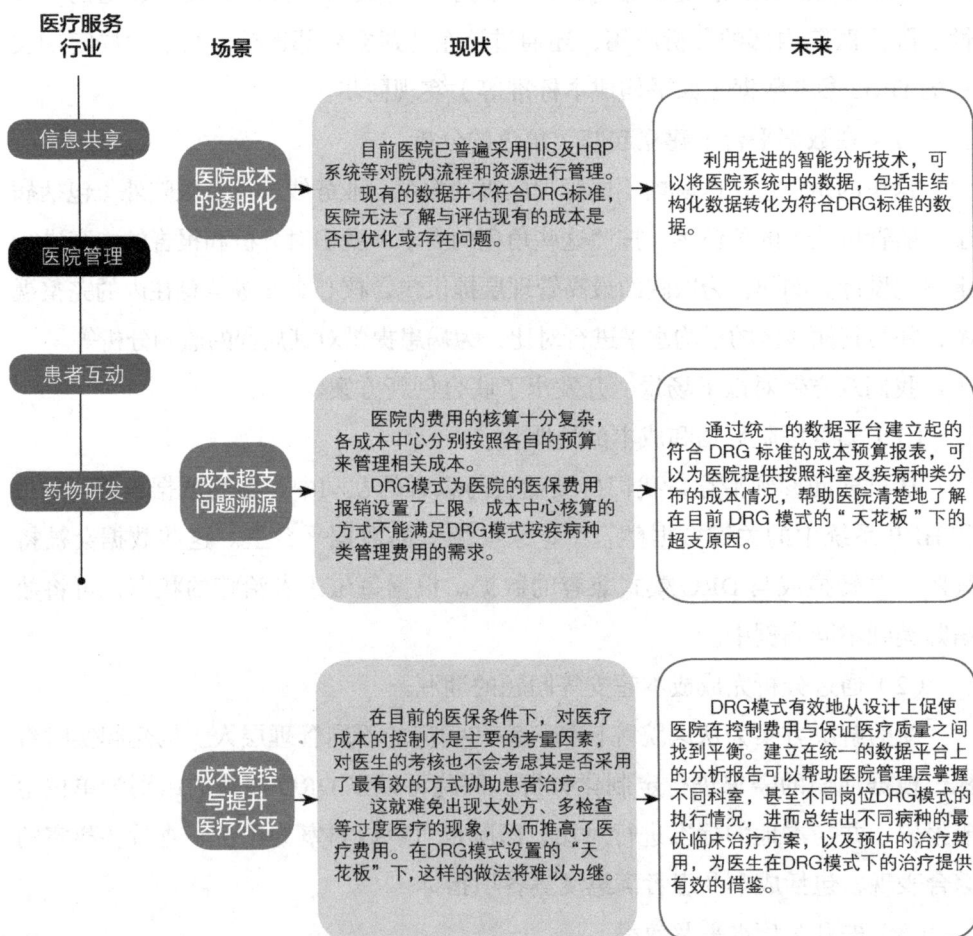

医疗服务行业	场景	现状	未来
信息共享 医院管理	医院成本的透明化	目前医院已普遍采用HIS及HRP系统等对院内流程和资源进行管理。现有的数据并不符合DRG标准，医院无法了解与评估现有的成本是否已优化或存在问题。	利用先进的智能分析技术，可以将医院系统中的数据，包括非结构化数据转化为符合DRG标准的数据。
患者互动 药物研发	成本超支问题溯源	医院内费用的核算十分复杂，各成本中心分别按照各自的预算来管理相关成本。DRG模式为医院的医保费用报销设置了上限，成本中心核算的方式不能满足DRG模式按疾病类管理费用的需求。	通过统一的数据平台建立起的符合 DRG 标准的成本预算报表，可以为医院提供按科室及疾病种类分布的成本情况，帮助医院清楚地了解在目前 DRG 模式的"天花板"下的超支原因。
	成本管控与提升医疗水平	在目前的医保条件下，对医疗成本的控制不是主要的考量因素，对医生的考核也不会考虑其是否采用了最有效的方式协助患者治疗。这就难免出现大处方、多检查等过度医疗的现象，从而推高了医疗费用。在DRG模式设置的"天花板"下，这样的做法将难以为继。	DRG模式有效地从设计上促使医院在控制费用与保证医疗质量之间找到平衡。建立在统一的数据平台上的分析报告可以帮助医院管理层掌握不同科室，甚至不同岗位DRG模式的执行情况，进而总结出不同病种的最优临床治疗方案，以及预估的治疗费用，为医生在DRG模式下的治疗提供有效的借鉴。

图 9-3　联合创新方案助力医院应对医保控费"天花板"

4. 数字化医院的未来

DRG 模式加速了我国医院体制改革的步伐。对医院而言，满足 DRG 模式的需求仅仅是推动其数字化转型的催化剂，更重要的是医院必须通过数字化转型，提升其治理水平及病患体验。尽管降低成本从来都不是医院追求的终极目标，但随着人口的不断增长、老龄化的加剧，包括医院在内的医疗服务体系中的各个机构都应努力实现医疗资源的最优配置，从而让节约出的社会资源惠及更广泛的人群，并让人们得到更高水平的医疗保障。

9.3.3　案例 16——基于 AI 和大数据的定制治疗方案与临床研究

本案例将聚焦医学研究机构，探讨如何利用 AI、大数据和数字化应用加速诊断、治疗和临床研究。

癌症，或恶性肿瘤，已成为人类健康的"头号杀手"之一。2020 年我国因新发癌症而死亡的人数位居全球第一。2017 年，我国癌症新增病发人数约 420 万，占全球癌症新增病发人数的 26.4%。同时，我国也是全球抗肿瘤药物市场中规模最大、增速最快的市场之一。研发新一代疗效更佳的抗肿瘤药物已成为制药企业的主攻方向之一。

新药研发是世界公认的难题，这个过程不仅成本极高，而且可能需要数年甚至数十年的时间才能将产品投放市场。据统计，新药研发的平均成本已由 20 世纪 70 年代的约 1.8 亿美元增长到 21 世纪初的约 26 亿美元。新药研发中耗时最长、花费最高的环节是临床试验，其在总费用成本中的占比超过 50%，总时间成本中的占比超过 60%。因此，提升临床试验的效率对于攻克癌症意义重大。

近年来，在药物研发过程中，为制药企业提供专业化外包服务的组织或机构，即合同研究组织（Contract Research Organization，CRO），开始出现并蓬勃发展。CRO 具备规模化、专业化的特点，可以帮助制药企业降低高达 40% 的研发成本，节省 10% ～ 20% 的临床研究时间。预计到 2025 年，全球 CRO

市场规模可达 610 亿美元。

1．临床研究面临的挑战

我国的 CRO 市场也在快速增长。在这个新兴的市场中，本土 CRO 已经开始与全球同业者同台竞技。提高临床研究和试验的准确性和效率是增强本土 CRO 竞争力的关键。以肿瘤药物的研发和治疗为例，其三期临床试验常常会涉及数千名志愿患者，需要通过大量的工作和流程来对临床试验的各项结果进行评估和追踪，整个过程异常复杂。临床研究面临的挑战有以下几个方面。

（1）反馈过程效率有待提升。

在临床研究过程中，研究人员需要利用不断积累的数据集来验证和调整他们的产品和治疗方案，同时还需要确保这些过程被有效地记录下来，以加快找到最佳方案的进程。很多时候，这些研究可能发生在不同的地点，甚至不同的时区。实验室与研究人员必须建立一个高度协调且精确运作的流程，并且具备对这些流程的管理能力。

（2）疗效判断的准确性和标准化有待提高。

对肿瘤诊断和治疗效果的评估十分依赖个人判断，但医生的经验和遵循的标准可能存在一定的差异，由此他们做出的判断也会不同。CRO 则需要依据这些判断来分析和确定新药或新的治疗方法对特定患者的疗效。当这些个人造成的偏差积累起来的时候，可能会使对疗效的整体评估变得非常困难。

（3）数据管理复杂。

先进的癌症治疗临床研究和试验涉及新的诊断方案和方法，如基因组测序和新型肿瘤成像分析技术。这些技术的应用会产生大量的数据，而这些数据会被存储在各种不同的信息技术系统中。在整个临床研究过程中，每天每一个患者及其所属的群组都会产生大量的数据，一方面 CRO 需要管理这些信息技术系统，另一方面 CRO 需要对这些数据集进行深入的综合分析，以得到有效的信息。这对大多数并不具备专业数字化能力的 CRO 而言，无疑是巨大的挑战。

2. 观点分享——建立数据、流程与评估的标准，提高临床医学研究的效率

数字技术不仅会大幅提高临床研究和试验过程的效率，而且会极大地改变患者的治疗效果和体验，最终挽救更多患者的生命。数字技术将为制药行业和CRO创造巨大的价值。其中的关键在于利用数字技术提升大规模临床试验的系统性和针对性，从而加快形成有效反馈，以根据疗效、不良反应及安全性等做出评估，并对剂量及治疗方案等做出调整。具体表现在以下几个方面。

（1）根据患者情况开展治疗。

根据每个患者的情况来开展对肿瘤的治疗尤为重要。医生应根据患者的个人状况和过往的经验探索最佳的治疗方案，并根据患者的反应和康复情况在疗程中进行调整。

（2）对临床信息进行标准化处理。

在临床研究过程中，CRO需要对从多个渠道获取的临床信息进行标准化处理。这包括肿瘤信息、患者关键指标、电子病历和医生诊疗记录等。应确保所有数据的标准化、可校验性和一致性。对于需要人为判断的内容，例如肿瘤图像分析等，应采用计算机成像和AI等技术对肿瘤图像等原始数据进行分析，并将其转换为标准化的结构数据，与医生的诊断结合使用。这样可以避免个体主观因素或经验不足对结果造成的影响。

（3）建立不同组别患者的疗程标准和评估标准。

CRO应根据临床研究、试验和成果建立起不同组别患者的疗程标准和评估标准。这些标准应按照不同组别患者的情况（如病情及身体状况等），记录他们的病情发展及他们接受的治疗。标准一旦建立起来，研究人员或医生就可以通过对比来评估患者的治疗效果，并对用药剂量或治疗方案进行调整。这些调整和产生的结果将形成新的反馈，提供给研究人员或医生，帮助他们调整研发或治疗方案，以展开进一步验证，最终建立起针对不同组别患者的最佳治疗方案。

3．新方案的探讨

我们与一家提供第三方影像解决方案的初创企业就帮助 CRO 提升癌症新药研制及新疗法研发的临床试验效率提出了联合创新方案。这家企业提供的解决方案可以帮助医生和研究人员分析肿瘤的大小、形状，以及手术或放疗的效果等。

在初创企业提供的解决方案基础上，SAP 实现了以下几个方面的提升。

（1）患者的分组。

根据患者的病情、过往病史和其他基本信息（如年龄和性别）建立患者分组，为定制化的治疗和评估标准的设定奠定基础。

（2）疗效的分析。

借助 SAP 的医学辅助研究（Medical Research Insights）系统，将初创企业评估的疗效与相关患者组别的治疗方案数据结合，协助 CRO 快速分析并记录新药和治疗方法对不同患者组别的疗效，并形成反馈。

（3）参照标准的建立。

将各组别的疗效分析综合起来，通过数据比对和分析发现其规律，从而协助研究人员和医生建立适合相关患者组别的最佳临床标准。

我们将 SAP 的患者管理系统与初创企业提供的解决方案进行结合后，根据以下场景开发出了联合创新方案。

（1）临床试验的患者管理。

SAP 的患者管理系统记录了患者从年龄、性别、健康状况到诊疗历史的详实信息，可根据临床要求对患者进行恰当的分组。在未来的临床研究和试验过程中，系统将对不同组别患者的治疗效果进行标注和跟踪。

（2）药效和疗效评估。

根据现有临床信息，医生将选择并采取最适合患者的治疗方案。当患者就诊时，系统将提供一个以时间轴呈现的包含患者诊疗历史的完整视图，记录医生的治疗方案，并为医生提供参照。初创企业将对肿瘤影像进行定期分析以了解治疗效果。这将是一个循环的过程。系统将记录和分析每一位患者的治疗进展和方案调整，以达到更佳的治疗效果。

（3）对未来疾病研究的推动。

根据患者分组研究或试验的最终结果，系统将数据汇总并建立标准化或定制化的报告。针对该患者组别的治疗方案将被优化并保存下来，作为阶段结果支持 CRO 开展进一步的深入研究，最终形成标准参考方案。

图 9-4 总结了该联合创新方案如何助力定制化治疗方案与临床研究，涉及临床试验的患者管理、药效和疗效评估及对未来疾病研究的推动 3 个关键场景。

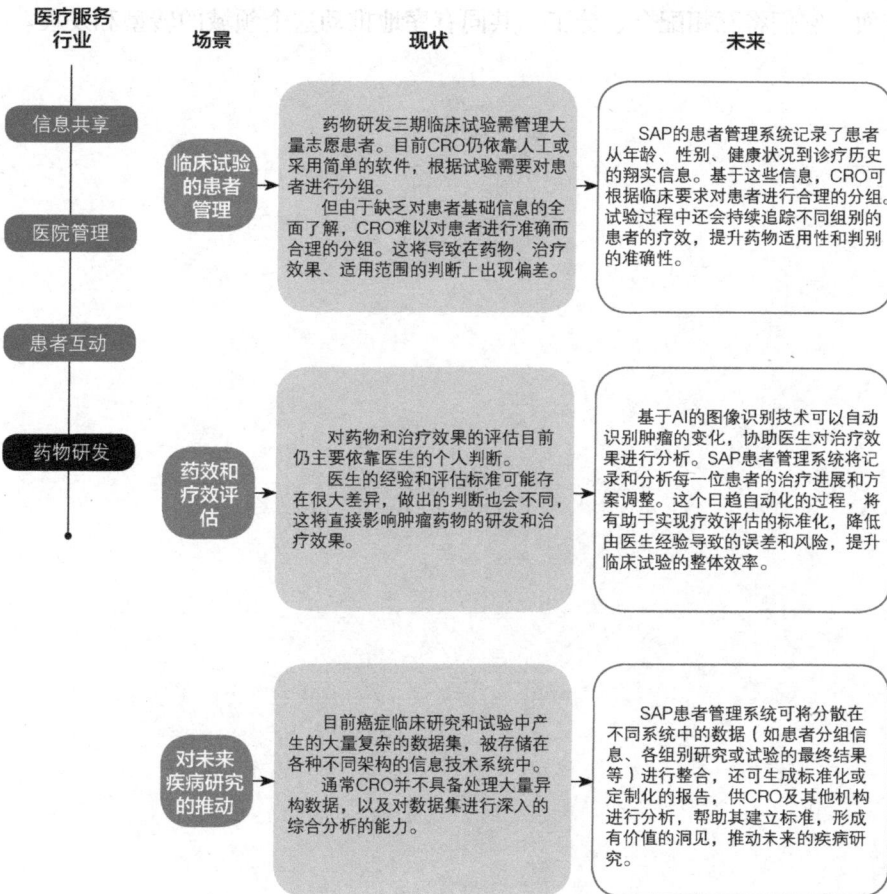

医疗服务行业	场景	现状	未来
信息共享	临床试验的患者管理	药物研发三期临床试验需管理大量志愿患者。目前CRO仍依靠人工或采用简单的软件，根据试验需要对患者进行分组。 但由于缺乏对患者基础信息的全面了解，CRO准以对患者进行准确而合理的分组。这将导致在药物、治疗效果、适用范围的判断上出现偏差。	SAP的患者管理系统记录了患者从年龄、性别、健康状况到诊疗历史的翔实信息。基于这些信息，CRO可根据临床要求对患者进行合理的分组。试验过程中还会持续追踪不同组别的患者的疗效，提升药物适用性和判别的准确性。
医院管理 患者互动 药物研发	药效和疗效评估	对药物和治疗效果的评估目前仍主要依靠医生的个人判断。 医生的经验和评估标准可能存在很大差异，做出的判断也会不同，这将直接影响肿瘤药物的研发和治疗效果。	基于AI的图像识别技术可以自动识别肿瘤的变化，协助医生对治疗效果进行分析。SAP患者管理系统将记录和分析每一位患者的治疗进展和方案调整。这个日趋自动化的过程，将有助于实现疗效评估的标准化，降低由医生经验导致的误差和风险，提升临床试验的整体效率。
	对未来疾病研究的推动	目前癌症临床研究和试验中产生的大量复杂的数据集，被存储在各种不同架构的信息技术系统中。 通常CRO并不具备处理大量异构数据，以及对数据集进行深入的综合分析的能力。	SAP患者管理系统可将分散在不同系统中的数据（如患者分组信息、各组别研究或试验的最终结果等）进行整合，还可生成标准化或定制化的报告，供CRO及其他机构进行分析，帮助其建立标准，形成有价值的洞见，推动未来的疾病研究。

图 9-4 联合创新方案助力定制化治疗方案与临床研究

4．临床研究和治疗的未来

SAP 与初创企业的联合创新是临床研究和治疗数字化转型的一个缩影。数字化转型不仅可以提高运营效率，而且可以覆盖更广泛的因素，有助于 CRO 深化对疾病和药物等相关课题的研究，帮助其建立更科学的标准，产生更准确的洞见。这些信息将更快地被转化为知识，为医学的进步带来积极的影响。在临床研究和治疗领域，我们预计将有越来越多的创新型企业加入。一方面，它们自身的科技能力将推动这个领域加速从劳动密集型向"AI 密集型"转型。另一方面，它们将互相配合、分工，共同有序地推动这个领域的转型和发展。

第 10 章

物流行业

"朝发夕至"在许多年以前仅仅是客运行业刚刚实现的梦想，如今它已经成为许多快递行业的目标和口号。而速度的提升仅仅是物流行业所取得的众多进步之一。安全、快捷、准确、可靠是现代物流业发展的目标。实现这些目标需要多方面的配合。

一方面是基础设施。目前，我国已经建立起世界一流的基础设施来支持经济的快速增长。在过去 10 年中，中国万吨级泊位的数量增长了 50%。在全球港口货物吞吐量和集装箱吞吐量排名前 10 位的港口中，我国港口占 7 席。在全国修建完 3.5 万千米的高铁后，原有普通铁路线路的货运能力得到充分释放。预计到 2025 年，85% 的沿海和沿河主要港口将直接接入铁路网。这将为提高物流效率奠定坚实的基础。

另一方面则是信息的传递与互通。在复杂的物流网络中存在着众多的从业者，从个人到机构。他们一方面根据信息优化自身的工作，另一方面实时产生大量的信息，影响着物流网络上其他从业者的工作。随着物流网络的日益完善和复杂，他们之间的信息传递与互通是实现数字化转型，提升服务水平和效率的重要关键。

10.1　我国物流行业的现状及面临的挑战

快速发展的物流行业开始面临新的挑战。日益增长的运量要求不断促使多种运输方式提升效率，增进彼此间的协同。监管机构将推行更高、更严的安全运输标准。货主和承运商希望物流运输的过程更透明，责任划分更清晰。客户期待更快的交货时间、更高的服务质量、更低的运费。数据和数字化能力将成为物流公司成功应对以上大部分挑战的利器。数据和数字化能力将搭建于相应的智能设备、运输工具和基础设施之上，成为物流行业的"大脑神经"，推动物流行业效率和能力的提升。首先了解当下物流行业面临的挑战。

（1）运营效率与资产利用率。

随着预期货运量的不断增加，基础设施的扩建变得日益重要，物流公司常常面临如何充分利用其资产（如港口、空运站、仓库、卡车等）的问题。不断增长的运输需求和业务在创造机遇的同时，也在逐步拉开物流公司之间的差距。只有那些能够最大限度提高资产利用率的公司才能实现卓越的运营，为客户提供有竞争力的服务。相较之下，那些运营效率低的公司则不得不承受高昂的成本压力，而且一旦落后将越来越难赶上同行的脚步。从通过优化航线路线节省燃料，到实现集装箱码头上多家供应商的协同，物流行业在提升运营效率方面还有很大的空间。

（2）安全与合规。

安全是物流承运人的重要承诺。同时，物流公司还必须遵守各种法律法规，并迅速适应新法律法规带来的变化。例如，对于食品运输，物流公司需要具备追踪的能力；持有危险货物许可证的货运公司需要遵守监控驾驶员驾驶行为等复杂的规范；对于区域间或国际物流，应遵守的条例可能会因承运商所处的司法管辖区而不同。如何对风险进行有效管理成为物流公司面临的一大挑战。

（3）运输过程中的质量管理。

在大多数情况下，货主对货物负有最终责任，因此他们会特别关注货物运输全过程的相关信息。货主尤其需要掌握承运商的运输表现，以及整个运输过程中运输质量、安全和服务水平等信息。然而，这些信息通常分散在不同承运商或政府相关部门的多个系统中，缺乏透明度和及时性。同时，由于过程中存在大量的人工操作，不可避免地会出现数据不一致的问题。

（4）客户对物流网络透明度的要求。

客户对物流公司的期望也在不断提高。对企业客户来说，一方面，他们希望能够及时掌握生产物资的物流状况以确保正常的生产活动；另一方面，他们希望能够掌握下游物流的状况以了解不同渠道的库存水平，以及这些库存可以支持多长时间的销售等。他们需要一个能够为他们提供透明、安全且及时的服务的综合服务平台，而不再需要与各个货主、物流公司或仓库等分别打交道。这些对我们个人客户来说已经是司空见惯的服务，但在复杂的企业物流中却是巨大的挑战。

移动互联网、5G 和云计算等数字技术实现了对物流中诸多分散环节的整合，使得信息以低成本的方式在不同的系统中流动，使得为关键利益相关方提供端到端的完整视图成为可能。此外，借助 IoT、AI 和自动驾驶等先进技术，一些之前难以覆盖的关键环节变得更透明。所有这些都将提升物流行业的效率和体验。

10.2　物流行业的数字化进程

物流行业涉及众多参与者，从关键基础设施的供应商到承运商，再到客户。在整个物流过程中，这些参与者之间会产生大量的接触点。合理利用数字技术，可以建立起更好的连接，提升各参与者的体验。同时，还需要注意，物流行业是一个利润相对较低的行业，因此，企业必须将数字化转型投入那些能够大幅提升效率和体验的关键环节。

10.2.1　物流行业产业链关键环节的数字化

基于 SAP 多年来服务物流行业客户的丰富经验，我们总结出物流行业产业链所包含的关键环节（见图 10-1）。其中，物流枢纽、承运商及整条产业链的协同是特别需要关注的 3 个方面。

物流行业 ●————————●————————●————————●————————→
　　　　　　　货主　　　　　物流枢纽　　　　承运商　　　客户/收货人

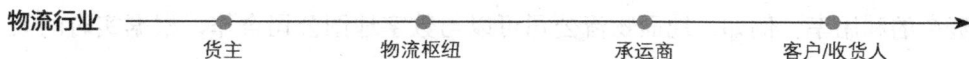

图 10-1　物流行业产业链关键环节

（1）物流枢纽的数字化。

集装箱港口、机场、仓库和物流中心等物流枢纽位于运输网络的中心。数字技术可以显著提高这些枢纽的效率，从而提高整个运输网络的效率。具体如下。

• 集装箱港口：集装箱货轮、铁路与公路运输在集装箱港口汇合，并由包括港口管理方及第三方物流等在内的众多企业共同协作。为提高效率，IoT 设备已广泛应用于从集装箱起重机到堆场的所有设备上。利用融入 AI 技术的系统进行协调的无人驾驶车辆，已开始用于优化集装箱港口内堆场和码头之间的货物转运。港区管理部门致力于建立互联互通的数字平台，以实现对所有相关方更好的调控。此外，数字技术还可以提升港口工作人员的安全性和工作的舒适感。

• 机场：机场是全球最复杂的生态系统之一。世界上最繁忙的机场每年可接待近 1 亿名乘客，并同时处理数百万吨货物。机场通过相对独立的空中交通管制系统每天管控数千架飞机的起降，并在地面提供一切支持服务。在这背后是一个庞大而复杂的服务系统，从飞机维修、客舱清洁、餐饮到乘客及航空货运站管理，各项服务紧密配合，确保了航班的快速周转。

• 仓库和物流中心：仓库和物流中心是陆地物流的枢纽，需要管理大型仓库，协调货运公司乃至每一辆卡车，确保每一件货物都能按时接收和交付。智能物流中心通常会配高度自动化的仓库。无人驾驶系统可快速定位仓库中每件货物的位置并协助处理货单。物流中心还应建立智能化的 TMS 来管理各物流相关方，以确保各方物流之间的协调，最大限度减少等待时间。

（2）承运商的数字化。

• 通过数字化提升资产利用率。作为物流运输的执行者，承运商需要提升资产的利用率。例如，地面物流公司可以与数字地图公司合作，根据实时的天气情况、车况、订单情况等来优化路线，提升每一辆卡车的利用率。此外，物流公司还可以构建综合服务平台，将所有第三方服务提供商（如加油站、维修站、急救中心、连锁商店等）的信息整合到综合服务平台上，帮助驾驶员和车队管理方根据可用的资源来优化他们的排班和运输计划。

• 通过 IoT 能力提升安全水平。承运商数字化的另一个重要部分是打造包括车联网在内的 IoT 能力。物流公司通过建立在传感器和网络之上的车联网将它们的车队"上线"，以实时了解车辆的运行状况，并发现潜在的问题。这对于长途运输尤为重要。例如，若驾驶员持续超速，系统将发出警示。又如，如果车辆即将出现故障，系统将通过远程故障诊断，向驾驶员提供相关维修建议，如最近的车辆修理厂的位置等。IoT 能力还可以延伸至驾驶舱。通过在驾驶舱安装摄像头，物流公司可以监控驾驶舱中影响安全的异常状况，例如是否有人闯入、驾驶员驾驶中是否存在如打瞌睡等危险行为。这一切将有助于提升驾驶安全。当然，在这个过程中，物流公司和车队也必须建立合法合规的隐私保护方案。

（3）整条产业链的协同。

如果缺乏与数字化能力匹配的协同过程，物流行业将难以发挥其数字化的优势。所有相关方，包括货主、物流枢纽、承运商、客户 / 收货人，都需要参与这一过程。这包含两个主要方面。

• 相关方都需要建立起自己的数字化能力。例如，货主将通过 TMS 来管理运输订单及承运商。承运商需要建立自己的系统，用以跟踪车辆、优化运营等。

• 所有这些系统需要连接到一个单一的数字平台，并按照一定的规则，建立起不同公司或实体间的协作流程，共享重要信息。这样就可以实现基本的运输过程管理数字化。更进一步，这些数字平台可以连接到交通运输网络，如交通运输物流公共信息平台。

10.2.2　从最佳实践到物流行业领军者的跨越

物流一向被视为传统行业，但近年来，我们看到随着各行各业对物流服务需求的不断升级，新技术在这个行业的落地不断加速。基于 SAP 对这个行业创新的深入了解，本节对目前已逐步建立起的最佳实践，以及这个行业的一些重要的创新趋势进行了总结（见表 10-1）。

表 10-1　实现从最佳实践到行业领先的跨越

进程	货主	物流枢纽	承运商	客户 / 收货人
最佳实践	针对物流承运人的运输管理系统	数字化仓储管理系统和相关信息管理系统	基于经验的车队优化管理和自动化运营	全球货物追踪
行业领先	涵盖下游物流全网络的、透明的综合运输网络管理系统	基于 IoT、AGV 和其他先进技术的全数字化流程，以及对数字化流程的实时管理系统	基于车联网，支持实时规划、路径优化、预防性维护，并为驾驶员提供服务支持	基于 IoT 的更精准的全球追踪系统。通过实时物流以支持生产型企业进行相关规划

当下，通过各种媒体，我们常常会看到在物流仓库中配备了 RFID 设备或 AR 眼镜的操作员，以及各种机器人在物流仓库中繁忙工作的场景。实际上很多仓库都已开始采用智能化的设备、数字化的系统，对入库、出库、拣货等环节进行统一管理；越来越多的货主开始采用数字化系统对承运商的筛选、评估等进行管理；物流公司则根据长久以来积累的运营经验在内部流程中采用 RPA 等技术，实现自动化的运营管理；在收货方，一些数字化进程推进得较快的企业已经开始采用先进的物流运输管理系统，在全球范围内对货物进行追踪等。

出现在物流领域的整合与创新吸引了可观的投资，也为这个领域所涉及的关键节点和利益相关方借助创新打造竞争优势创造了有利的条件。物流公司将更广泛地采用自动化技术、AGV、IoT 和区块链技术，提高其各个环节的效率，特别是增强对运输过程制定实时决策的能力，如根据突发状况，对运输规划和过程进行实时调整等，以及实现对运输车辆的预测性维护，对驾驶人员的及时支持等。此外，货主将借助数字化平台，打通与物流环节的连接，构建起覆盖整个物流环节的透明的管理系统；对于最终客户或收货人，特别是一些生产型企业，除了基于数字化解决方案和平台的 IoT 技术，实现对货物更精准的跟踪外，还可更进一步构建一种全新的能力，即根据实时的物流状态对生产进行前瞻性的规划。

这些转型趋势既吸引了大型科技企业的目光，也吸引了初创企业的持续投入。随着经济的发展和进一步的分工，物流行业的重要性将进一步提升。我国的物流行业将稳步推进从劳动密集型向技术密集型的转变。

10.3　新型的创新模式面向物流行业打造的联合创新方案

本节将分享两个面向物流行业的创新案例。第一个案例聚焦危险化学品（以下简称危化品）的运输，通过将初创企业提供的基于 AI 的驾驶安全解决方案与 SAP 的运输管理系统结合，帮助危化品企业建立起对承运商和运输过程的透明化管理，确保运输的安全。第二个案例重点关注如何有效提升集装箱港口陆地运输效率，通过将初创企业提供的无人集卡与 SAP 的业务技术平台和堆场管理解决方案进行结合，帮助港口管理者解决码头、卡车和集装箱堆场之间的协调、堆场作业，以及应对突发事件，最终构建起数字化、高效的港口陆地运输管理。

10.3.1　案例 17——从智能运输管理到智能驾驶舱助手

陆路运输是最常见的一种货物运输方式。过去 10 年，我国公路运输年平均货物量超过 300 亿吨。本案例将重点关注一种专业的货物运输——危化品的公路运输，并与大家分享如何利用数字技术使这类特殊货物的运输更加安全和易于管理。

安全是所有物流公司关注的头等大事。对危化品运输而言，安全尤为重要。根据中华人民共和国应急管理部公布的数据，超过 77% 的危化品事故发生在运输阶段。

2004 年以来，国家出台了多项规定来确保危险货物的运输安全。2018 年发布的《危险货物道路运输规则》更是对危险货物的包装、装卸、运输、交付等全过程做了明确的规定。这些法规和措施有效地规范了危险货物运输的安全标准，但是，在具体的实施层面仍然面临不少挑战。

1．危化品运输面临的挑战

根据国家的法律法规，一旦危化品运输过程中发生事故，货主与承运商须共同承担连带责任。很多公司都已开始对货车、货物包装等硬件设施进行升级改造。但目前危化品物流市场呈现明显的"小、散、乱"的特点，整个运输过程常常会涉及数十家企业。此外，这个市场还存在不透明的分包、转包等行为。我们认为，危化品物流市场面临的挑战主要包括以下两个方面。

（1）运输车队的资质管理。

要确保货物的运输安全，最好的方法是使用那些具备相关资质的货运公司和车队，配备符合运输要求的专业货车、合格的驾驶员来完成运输任务。对货主而言，为确保货物安全、准时地送达，他们不仅需要挑选优质的承运商，更重要的是要确保运输过程中驾驶员和装卸人员的操作等符合运输要求。目前，由公路运输的危险货物超过 3000 种，它们有着不同的运输要求，对运输车队资质的管理并不容易。

（2）驾驶过程的安全。

货车的安全性在很大程度上仍取决于驾驶员本身。尽管几乎所有货车都在驾驶舱内安装了摄像头来监控驾驶员的驾驶行为，但通常摄像头的作用在于记录可供未来回放的信息，并不能提供及时的反馈和支持。因此，货主和承运商往往在事后才会发现运输途中出现的一系列问题，如驾驶员打瞌睡、偏离规定路线、车辆在途中出现了故障没有及时处理等。安排专人监控这些驾驶舱的图像是一个解决办法，但这既昂贵，又会引入新的人为因素。

2. 观点分享——打造透明化、可预见的过程管理是确保危化品安全运输的关键

提高危化品运输安全标准的关键在于管理与执行。货物运输全过程包含众多需要严格执行的环节，数字技术将在监控这些环节、构建顺畅互联的流程中发挥重要作用。

虽然货主和承运商已经遵照相关法规在车上安装了监控系统，但仍需要采用数字技术将这种被动的安全举措转变为主动的安全防范。例如，可将 AI 图像识别技术融入驾驶舱摄像头中，这样系统就可以实时监测驾驶过程中出现的问题，并及时向驾驶员发出警示。此外，车联网技术也可以被应用在类似场景中，帮助驾驶员与车队管理者提前发现车辆的小问题，从而避免车辆故障或更大问题的发生。

此外，危化品行业的货主应建立一个包括承运商在内的透明的运输管理网络，并整合上下游所有相关方的关键流程。这样，货主将不再只是监控货物是否准时送达，而是可以对整个运输过程进行透明化管理，如了解哪辆货车、哪位驾驶员，利用哪种设施处理了货物，以及这些车辆、驾驶员和设施是否具备所需的资质等。这些一手信息可以帮助货主获得和管理承运商表现的基础数据，作为制订未来业务决策的依据。物流环节中的其他重要角色，如承运商和收货人，也可以根据他们扮演的角色和需求从这个透明的运输管理网络中获得相关的信息和支持。

3. 新方案的探讨

针对危化品运输的车队管理环节，我们与一家致力于将 AI 技术应用于驾

驶安全领域解决方案的企业探讨了如何利用数字技术优化货主的现有流程管理,大幅提升他们对车队的安全管理能力。利用这家企业提供的 AI 摄像头可以捕捉驾驶舱内的实时图像并进行分析,同时通过语音系统,可以向驾驶员发出如超速等基本警示信息。

我们将 SAP 的 TMS 与初创企业的解决方案进行集成,大大增强了以下各方面的能力。

(1)建立起与驾驶员的针对性互动。

根据货物清单,SAP 的 TMS 对每辆货车上危化品的特定处理要求进行分析,并同步到初创企业提供的系统中,由此建立起定制化的监控和警报系统,这将显著增强对驾驶行为的针对性管理。例如,该系统将不仅按照道路交通的基本要求提供超速警报,而且会根据货物和货主的特殊要求,告知驾驶员将车速控制在规定范围内,或者在发现驾驶员疲劳驾驶时,发出报警,提醒驾驶员按照相关规定休息等。

(2)实现完整的运输执行管理。

货主借助 SAP 的 TMS 管理承运商(即货运公司)和运输计划,同时通过采用初创企业的解决方案,可以进一步将管理细化到具体的车辆和驾驶员。TMS 除了存储货运公司的信息,还可以记录每位驾驶员的资质和驾驶表现。每位驾驶员在运输任务开始前会进行身份确认,这样整个运输过程会变得更加透明,可帮助货主有效提升对货物的安全管理能力。

(3)强化对承运商的管理。

一旦货主建立了上述运输执行管理体系,就可以根据承运商(如货运公司、物流中心)的表现对它们进行分类管理,并可根据它们的履约情况按照合约规定进行自动化的奖惩结算。货主还可以对承运商的表现进行阶段性评估,以决定未来的合作。

我们针对以下场景开发出了联合创新方案。

（1）选择承运商。

货主发货后，系统将根据运送货物的类别，记录危险货物运输的具体要求。TMS 将根据需求推荐具备相关资质的承运商，并根据其历史运输信息，包括运营数据和商业数据，对承运商进行排名。

（2）管理运输过程。

货主将订单发送给选定的承运商。承运商需要根据货主的要求指定有资质的驾驶员和车型，并对订单和危险货物的运输要求予以确认。驾驶员、车辆及运输要求等相关信息将被传输到初创企业的系统中，该系统将根据车辆编号，与安装在每辆货车驾驶舱内的摄像头相连接。选定的驾驶员使用驾驶舱内的摄像头进行面部识别，在确定身份信息和车辆信息后，开始执行运输任务。货主会收到包括驾驶员信息在内的实时更新的状态信息，例如车辆已经启动等。

初创企业的系统将根据运输要求监控运输全过程。一旦发现问题，如驾驶员打瞌睡等现象，将向驾驶舱和承运商的控制中心发出警报，直到错误被纠正。此外，控制中心也会利用 IoT 设备检测车辆的潜在故障，对问题进行分析，并在需要处理时向驾驶舱发出预警。所有这些数据将被自动记录在 TMS 中，以备进一步的分析和后续业务流程的展开。

（3）评估绩效和结算。

当运输任务完成时，经收货人签字、发货人确认，系统中的任务状态将即刻被标注为完成。TMS 将保存所有的运输数据，并将结果传送到合同管理系统和财务系统进行结算处理，同时可根据签署的协议进行处罚或奖励，实现据实结算。

图 10-2 总结了该联合创新方案给物流运输管理带来的改变，包括选择承运商、管理运输过程、评估绩效和管理承运人 3 个关键场景。

物流行业	场景	现状	未来
货主			
物流枢纽	选择承运商	货主可以根据资质证明挑选承运商。但目前公路运输的危险货物超过3000种，每种危险货物对驾驶员、车辆等都有着不同的要求。 资质证明只意味着承运商具备危险货运的基本条件。由于缺少对承运商运营情况，及其在细分领域内表现的了解，货主很难把握承运商的质量。	采用运输管理系统建立针对不同危化品类的特定要求，并根据需求，筛选出具备相关基本资质的承运商，同时结合系统中该承运商的过往运营记录，包括安全、准时送达率及相关业务数据，对承运商进行排名，帮助货主做出最佳的选择。
承运商			
客户/收货人	管理运输过程	目前所有危化品运输车辆都已在驾驶舱内安装了摄像头，以了解运输过程中驾驶员的驾驶状况。 但这种做法只是记录了驾驶员的行为，却不能在运输中出现不安全或不当行为时提供及时的警报和干预。	将不同危化品运单的特别要求输入承运商的监控系统，可以进行运输过程中的监控，如驾驶员出现不规范行为，或未遵守运输计划时，系统会即刻向驾驶员及管理后台发出警报，进行及时干预，保障运输安全。
	评估绩效和管理承运人	当下以结果为导向的管理方式，使货主和承运商将关注点放在货物是否安全、准时地送达上。 这种做法的弊端是，缺乏对运输全过程的监控，难以发现安全隐患，也难以针对安全隐患对承运商（如货运公司、物流中心等）的表现进行评估。	根据运输管理系统制订的运输计划及需求，货主可以利用物联网建立起贯穿运营全过程的管理，具体到每一辆车、每一名驾驶员、每一个中转站。这不仅有助于实现对运输过程及结果的全面掌握，也方便货主对各承运商和服务提供商的管理，并贯彻奖惩制度。

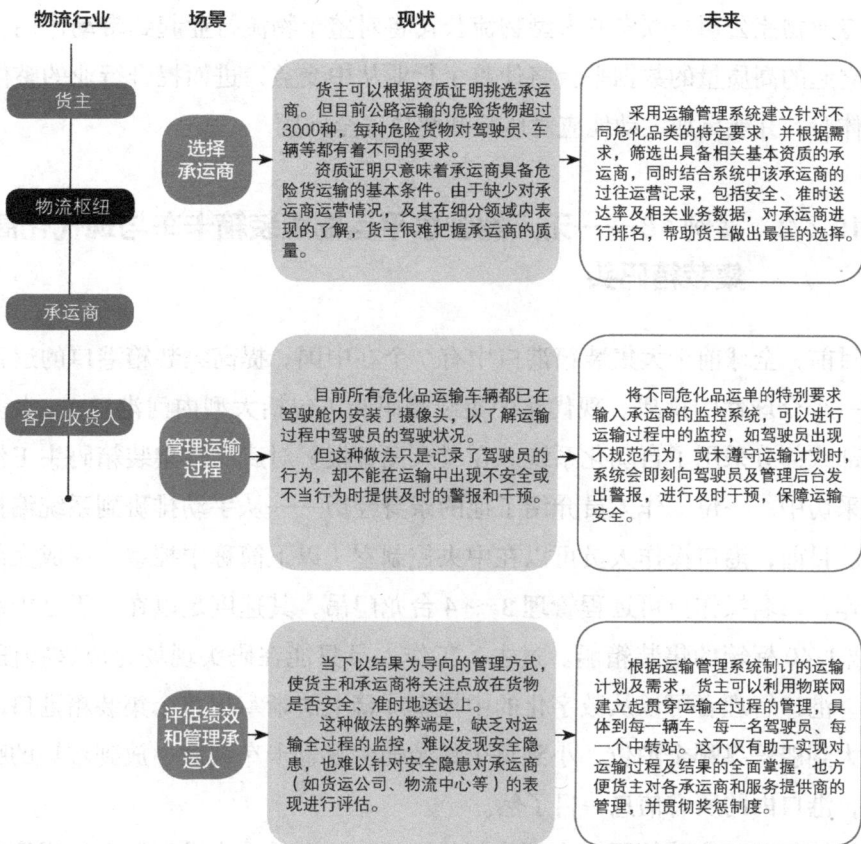

图 10-2　联合创新方案给物流运输管理带来的改变

4. 运输管理的未来

我国公路运输的数字化进程还有很长的路要走。与其他物流方式相比，公路运输的数字化渗透率可能是最低的。尽管部分脚步走得很快的承运商已建立起现代化的物流枢纽，实现了车辆互联，但整个市场目前仍呈现分散和落后的局面。随着市场的不断发展和进步，危化品和高价值货物等专业运输也将迎来高速发展，这将对运营和管理提出更高的要求。数字化和智能化的解决方案将首先成为这些专业领域的重要助手，为不断提升运营和管理水平奠定数字基础。专业物流公司与领先的大型物流公司将对整个物流行业起到带动作用，它们建立起的高质量的数据平台将使整个行业从中受益，进而提升行业的整体效率与体验，并能更加主动地应对风险和解决安全问题。

10.3.2　案例 18——无人驾驶水平运输集装箱卡车与现代化高效集装箱码头

目前，全球前十大集装箱港口中有 7 个在中国。提高集装箱港口的运营效率是一个全球性的挑战。现代化的集装箱码头（包括大型内河港口），大多数已全部或部分采用了自动化系统。在《人民日报》对武汉港集装箱码头工作人员的采访中，一位工作人员介绍了他的亲身经历——从手动排班到系统编排的转变。目前，港口操作人员可以在中央控制室（以下简称中控室）完成大部分的工作，每名操作员可远程管理 3 ～ 4 台龙门吊，其速度足以在一天之内装载 / 卸载 1140 标箱的集装箱船。过去，工作人员只能在码头现场完成这些任务。此外，港口管理者可以从数字化的中控室屏幕上清晰掌握整个集装箱港口的动态，大到船停靠哪个泊位，小到每个集装箱由哪辆卡车装载、放到堆场的哪个位置，港口内的所有信息一目了然。

尽管如此，集装箱码头也面临新的挑战，特别是来自港区陆上口岸管理的挑战。

1．港区管理面临的新挑战

集装箱港口的升级改造首先体现为集装箱装卸的自动化。正如武汉港采访中所体现的，通过在中控室实现对龙门吊的远程操作，堆场的货物吞吐速度显著提高。但同时这也给路面作业带来了压力，岸桥和堆场间的货物转运开始成为港口运输的瓶颈。根据一份对全球港口拥堵问题的研究报告，集装箱卡车在码头的拥堵正在成为全球各港口发展的掣肘。码头上作业的卡车数量过多、利用率低，以及临时出现的周转需求等已经成为拥堵的主要原因。此外，集装箱港口的陆地面积非常有限，国内大型港口通常需要同时管理成千上万个标箱（它们被存放在远离码头或出口的集装箱堆场），这常常给港区造成严重的拥堵，并给港区物流管理带来了严峻的挑战。我们将港区管理面临的物流挑战总结如下。

（1）提升堆场作业效率。

堆场是港区内集装箱运往下一个目的地之前暂存和分拣的区域，是集装箱海陆运输的中转站。由于港区总面积有限，堆场集装箱堆叠高度普遍为 5 层左右，甚至更高。因此，根据海运 / 陆运物流计划优化集装箱的堆叠，对堆场而言是非常重要的。在理想情况下，需要遵循后进先出等原则优化集装箱的摆放，以最小化集装箱的腾挪操作。例如，当某批次集装箱需要通过卡车转运时，在卡车到达前应完成对该集装箱的定位，并将其移到最靠近抓取点的位置，以减少卡车等待时间。考虑到港口庞大的吞吐量，以及大量随时会出现的计划外的进出港活动，时时保持最优的堆场操作并非易事。

（2）提升码头、卡车和集装箱堆场之间的协调度。

由于码头的操作费用较高，码头作业（如船舶的装卸）是港区内具有较高优先级的环节。当岸桥从船上卸下集装箱时，卡车需要做好接货准备。尽管部分港口为加速船舶装卸作业，设立了"前方堆场"作为缓冲区，以暂时堆放和分拣集装箱，但仍需对前方堆场与集装箱堆场之间运转的卡车进行高效的协调，以确保港口内集装箱的顺畅运转。据统计，在大型港口，在码头内装卸集装箱的卡车有 40% ～ 50% 的时间会在堆场和码头之间空转，或者排队等待任务。这种低效周转会加剧港口内卡车的积压、拥堵，从而进一步拉低效率。

（3）处理突发事件。

在集装箱港口，各种突发情况会随时出现，如取货时间变动或延迟，船舶到港时间变更，设备故障导致某些港口作业（如货物装卸、集装箱堆场的操作）放缓等。一旦出现这些突发情况，堆场操作人员需要对一连串的相关作业进行调整，并优化总体操作方案。即使操作人员可以迅速制定出新方案，他们仍可能需要与上百家公司、驾驶员、操作员等进行协调。在这个过程中难免会出现纰漏，导致混乱的升级。

2. 观点分享——依托数字化平台、相互集成的智能解决方案，构建数字化、智能化港口

港口就像一个高度协作的社区，上百家企业和组织需要密切配合才能实现效率的提升。除了流程和操作的自动化，现代化港口还需要建立一个互联互通的平台来管理各方的作业计划和执行，并协调各方的沟通。港务局应是平台的所有者，其他服务提供方及参与者（包括航运公司、卡车运输公司、龙门吊管理公司、堆场管理公司、仓库管理公司等），都应在这个平台上共享必要的数据、运营状况及资源。平台需要建立起业务协作流程，通过集成各相关方的智能解决方案，推动集装箱港口转型为提供智能服务的全数字化、智能化港口。要实现这个目标，可以从以下 3 个方面进行构建。

（1）服务提供方在各自运营环节上实现智能化。

以武汉港为例，其在船舶装卸上对龙门吊采用了中央自动化管理。与之相仿，港口运营的每一个服务提供方首先需要完成各自运营环节的数字化和智能化改造。集装箱堆场应培育起自身的综合规划能力，以便根据货运公司和航运公司的存、提箱计划，对集装箱进行最优化摆放。作为提高港口效率的关键要素，港内卡车运营方应具备车联网功能，可以根据不断变化的任务列表优化路线，提高使用率，避免拥堵。一些现代化程度很高的港口可以考虑使用 AGV 来进一步提高港区的作业效率。

（2）打造互通互联的 IoT 平台。

我们已经对现代化集装箱港口中各种可能出现的突发情况有所了解。在服务提供方实现了智能化之后，各服务提供方之间也应做好协调，它们需要了解与之对接的基础设施、设备、车队和集装箱的实时状态，以便顺利推进各项工作。例如，在起重机、集装箱和卡车上安装 IoT 设备，这样起重机就能通过这些 IoT 设备的相互配合，准确了解它所吊起的每一只集装箱应被放置在哪辆卡车上，以及是否放置妥当。基于 IoT 技术的卡车可以向堆场、码头和车队报告其所在位置、作业状态。同样的情况也适用于集装箱堆场，借助 IoT 设备，吊车可了解集装箱应放置的位置，每个集装箱的位置都会被记录下来以便查找。

同时，使用 IoT 技术采集运营数据，通过分析可以帮助服务提供方和港区管理者更好地优化资源以提升效率。此外，利用 IoT 设备取代人工作业，也可大大减少人为的错误。

（3）搭建综合管理和运营系统。

智能港口需要在上述的数据基础上建立综合管理和运营系统。该系统将为每项任务梳理单独的流程，小到卡车在入口处的登记，大到集装箱的清关等，将其以服务的形式呈现给各需求方。这些服务和流程会根据港口运营规范串联起来，汇总到一个统一的数据平台进行管理，以确保各方的信息在任何时间都保持一致。港区可以管理各个服务提供方提供的服务，支持港口各相关方的作业。在这个统一的综合管理和运营系统中，各相关方根据它们各自的角色，一方面向其他各方提供服务，另一方面也使用其他相关方提供的服务。

3．新方案的探讨

SAP 针对港口管理中集装箱堆场和码头装卸区之间的货物运输设计了一个创新方案。在传统的货物运输中，卡车驾驶员去码头装载分配给他们的集装箱，岸桥从船上或前方堆场中将集装箱吊起并装上卡车，卡车将集装箱运往指定地点进行必要的检查，然后运到集装箱堆场进行临时存放。上述过程完成后，卡车驾驶员会驾驶空车返回码头，准备运送下一个集装箱。当某个环节出现问题时，控制中心的操作人员需要通知所有受影响的驾驶员及相关方，告知他们现状并更新运输任务。这个由人工完成的流程极易出错，如处置不当，还会制造更多的混乱。

SAP 与一家为集装箱港口运营提供无人驾驶集装箱卡车解决方案的初创企业共同开发了一个新的解决方案。初创企业提供的解决方案可以处理订单，其研发的卡车具备 L4 级无人驾驶能力，可以在全封闭的港区环境中完成集装箱从泊位到堆场的运输。

我们将初创企业的解决方案与 SAP 的堆场物流管理系统（Yard Logistics Management，YLM）和 SAP 的业务技术平台（Business Technology Platform，

BTP）相结合，一方面提升了无人驾驶集装箱卡车的运营效率，另一方面将数字化的连接延伸到港务局和其他系统。具体来讲包括以下 3 个方面。

（1）优化堆场物流。

堆场管理者可以根据后进先出等原则，优化堆场物流中的集装箱堆叠。

（2）协调卡车运输。

根据作业计划，SAP 将岸桥和堆场的进出信息实时同步给初创企业的无人驾驶系统，该系统根据卡车的状态优化车辆安排。

（3）实现对运输绩效的管理。

SAP 通过自己的分析云对卡车的效率进行分析，生成相关报告，以持续优化车辆运输效率。

我们针对以下场景，将双方的技术和解决方案进行融合，开发出了联合创新方案。

（1）货轮、码头、卡车和堆场之间的协调运营。

在码头，所有船舶的装卸作业信息都会存储在港口管理系统中。这些信息将被转化为一系列装卸作业需求，并输入 SAP 的 BTP。SAP 将根据无人驾驶集卡的可用数量模拟一个最优的作业计划，将计划传递给无人驾驶系统的中控系统，最终将任务发送给每辆无人驾驶集装箱卡车。每辆卡车将收到一个任务列表。例如，如果 A 船正在卸货，而 B 船正在装货，利用 SAP 系统可以协调无人驾驶卡车将集装箱从 A 船所在泊位运到集装箱堆场，同时要求该车将 B 船需要装载的集装箱从堆场运到 B 船所在泊位。SAP 系统将根据船舶和堆场的装卸任务进行实时计算，并将结果发送给无人卡车管理系统，对任务列表进行必要的更新。同时，该系统将引导车辆采用港区内的最佳路线，并与其他车辆进行协调以减少拥堵。

（2）堆场集装箱管理。

通过 SAP 的堆场物流管理系统建立堆场的 3D 视图，直观地展示堆场内集装箱的摆放情况，并根据集装箱的装卸计划来计算其最佳摆放位置，以优化堆场管理，提升效率。

（3）突发情况的处理。

根据突发情况调整任务列表并协同各方。当港区内出现新的任务时（例如，某船舶提前到达），港务局需要对此进行审批并确认其优先级。参照主线科技系统提供的可用集卡数量，SAP 系统将向港务局提供一份包含其他所需资源的报告，港务局据此可以对这个新任务请求进行评估。一旦港务局决定接受该请求，SAP 系统将更新任务列表，并转发给主线科技系统以更新对卡车的调派。以上这些流程都会以自动化的方式进行处理，可以在极短的时间内通知数十辆乃至上百辆卡车，最大限度避免人为错误的出现。

图 10-3 总结了该联合创新方案如何提升港口物流管理效率，包括货轮、码头、卡车和堆场之间的协调运营，堆场集装箱管理及突发情况的处理 3 个关键场景。

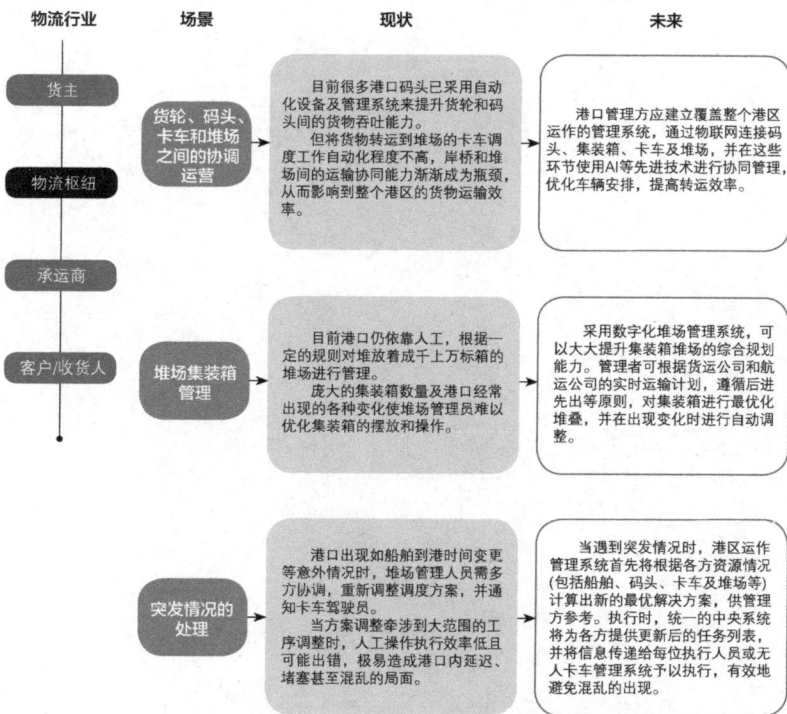

图 10-3　联合创新方案提升港口物流管理效率

4. 智能港口运营的未来

集装箱港口的规模越来越大，运营越来越复杂，数字化程度也越来越高。国内一些大型港口已经对现有数字化设施进行了升级改造，建成了一批新一代的全自动化港口。5G、IoT 等前沿技术的应用使得包括 AGV 在内的各种自动化操作成为可能。这些新技术不仅将进一步改变我国现代化港口的管理和运营，而且会加速包括陆地物流和货轮运输在内的整个生态系统的演进。除此之外，我国有一系列中小型港口（包括内河港口）正在进行改造。我们相信，未来 10 年，先进的数字化物流公司及人才将在智能港口运营的转型中迎来巨大的发展机遇。

第 11 章

商业地产业和专业服务业

数字化进程的脚步从未停止，我们对新技术给生活中的方方面面带来的改变充满了期待。本书的最后一章将与大家分享几个在商业地产与专业服务领域的创新案例。

11.1 商业地产业的数字化进程

近年来商业地产业的新房销售增量开始放缓，同时，政府进一步增强了对融资的管控。面对这种形势，商业地产商开始着重增加差异化服务，优化客户体验，并不断提升对商业配套地产项目的管理水平，以创造更多的收益。

11.1.1 商业地产业产业链关键环节的数字化

在商业地产业的不断变革中，AI、大数据、云计算等前沿技术发挥了重要的作用。通过对这个领域数字化进程的深入探讨，我们看到目前数字技术已开始广泛应用于商业地产业产业链的关键环节（见图 11-1）。

图 11-1　商业地产业产业链关键环节

（1）工程与建造环节。

商业地产商管理着各种异常复杂的工程项目。为实现对建造全过程的密切监控，遵循相关安全标准，确保工程质量和进度，商业地产商需要具备对从设计、供应链到交付的全过程的项目管理能力。越来越多的商业地产商开始广泛采用数字技术增强自身的能力，包括采用 IoT 设备强化安全保障措施，使用数字看板监控施工队伍的工作进度，使用数字化供应链管理来协调供应商等。

（2）销售和市场营销环节。

从市场营销、沟通、媒介平台、客户互动到交易，房地产开发商和代理商都在竭力为客户提供最佳的体验，以促成交易。他们提供的基于 VR/AR 技术的沉浸式体验，使客户足不出户、仅凭电子设备就可以了解未来建成的楼盘或房屋。借助先进技术，未来客户甚至可以对房屋进行符合监管规定的定制化设计，开发商可以根据设计协调供应链和施工过程，以满足客户的定制化需求。

（3）运营环节。

运营在实现商业地产的增值中发挥着举足轻重的作用。运营主要体现在两个方面。首先是硬件方面的运维，房地产商可以采用数字技术对运营商、维修计划和各种零部件进行管理，以降低总体运营成本；其次是商业运营，利用 AI 等先进技术可以改进商业地产的顾客体验，从而增加客流，并帮助商户为顾客提供更优质的服务，增加商户的收入。

下面分享一个我们与初创企业共同打造的创新解决方案，介绍如何通过创新帮助房地产商有效提升商业地产项目的收益。

11.1.2　案例 19——智慧购物中心打造非凡的购物体验

购物中心是商业地产板块最重要的业态之一。对公众而言，购物中心不仅是购物的场所，而且可以是一个休闲娱乐，与家人共度周末美好时光的好去处。对地产开发商来说，运营良好的购物中心不仅能创造丰厚的利润，还能提升地产本身及周边房地产的价值。

21 世纪以来，商场不断发展、演进，出现了"超级购物中心"。人们可以在这里轻松地度过一整天，享受由餐馆、高端购物、超市、电影院甚至溜冰场等构成的一站式服务。近年来，国内的购物中心以前所未有的速度增加，开发商也将这种购物中心模式逐步拓展到了三、四线城市。

然而，并不是每家购物中心都能盈利。与那些运营良好、收益持续增加的商场相比，运营水平较低的购物中心，不仅难以创收，甚至会拉低地产本身的价值。

1. 购物中心面临的挑战

购物中心的管理是最具挑战性的工作之一。通常，运营方会根据空间的不同职能对购物中心进行精细的布局规划，并吸引适合的商家入驻。在日常运营管理中，购物中心会设法吸引客流，增加购物中心的价值和吸引力，并与租户（即商家）进行洽谈，签订能够获得良好收益的合约。然而，随着购物中心数量的激增，以及电商在零售业中所占份额的不断增大，购物中心要创造差异化优势，从一众竞争者中脱颖而出，绝非易事。购物中心目前面临如下挑战。

（1）无法实现对客流的"真正掌控"。

各家购物中心都在竞相吸引客流，但很多时候它们并没有"真正掌控"客流。例如，许多购物中心试图通过引入有吸引力的品牌吸引更多的品牌粉丝，这种方法虽然会带来一定的客流，但同时也会造成购物中心对品牌商家的过度依赖，导致其在与商家的博弈中处于劣势。配备更具吸引力的娱乐设施是一个好办法，但这也需要购物中心具备与时俱进的运营手段，任何顾客都不会喜欢一成不变的设施。此外，虽然大多数购物中心都制订了自家的客户忠诚度计划，但如果没有良好的运营，这些计划很快就会被淹没在数以百计的各类忠诚度计划中。

（2）促销活动的转化率不高。

购物中心希望顾客能更多地消费，但现实情况是，即使购物中心能吸引到大批顾客，也不一定能带来预想中的更多消费，因为顾客可能只逛不买。无论是购物中心还是商家都在绞尽脑汁，希望通过打折或发放优惠券等方法促进顾客消费。然而，顾客手中可能已经持有太多的优惠券，传统的促销方法难以奏效。此外，由于购物中心并不知道顾客何时会光顾，这些基于优惠券的促销活动是否能奏效，只能凭运气。较低的转化率会拉低商家的盈利水平，最终影响购物中心的租金收入。

（3）购物中心与商家的协同不足。

购物中心和商家之间的关系类似房东与房客。它们理应成为不错的合作伙伴，但事实上它们之间的合作并不完美。购物中心和商家各自拥有客户数据，却不一定愿意分享给彼此，甚至有可能出现争夺数据的情况。由于缺乏数据共享，购物中心开展各种促销或主题活动时未必能充分考虑商家的诉求，也难以通过定制化的促销活动向商家定向导流目标客群。月复一月的雷同的活动，尽管会吸引一定的客流，却无法为顾客和商家提供良好的体验。我们常常看到，一方面，购物中心的餐馆和各种公共设施内人满为患；另一方面，商家不得不参与由商场推出的一波又一波的促销活动，但这些活动未必适合商家自己的目标客群或符合商家的推广计划。

2. 观点分享——由创新驱动的获客能力、个性化服务、内部资源统筹协调能力，将为购物中心打造全新的竞争优势

对众多的购物中心而言，入驻的商家可能相差无几，但如果能提供卓越的体验，就会卓尔不群。要打造这种特别的优势，购物中心需要做到以下3点。

（1）提升独立获取顾客的能力。

商家需要向购物中心支付租金，因而它们是购物中心最直接的客户。然而，顾客才是商家和购物中心的最终客户。购物中心已经意识到掌握顾客的重要性，绝大多数购物中心还制订了自己的顾客忠诚度计划。然而，大多数购物中心仍然高度依赖商家来获取顾客。购物中心必须具备创造新流量、依靠自身吸引顾客的能力，才能为商家导流。购物中心可以通过其实体商业设施、全国网络及广泛的伙伴关系等来构建这种能力。借助这些"外部私有流量"，购物中心就可以帮助商家创造更多的价值，为双方开展基于数据的深入合作奠定良好的基础。

（2）为顾客提供个性化体验。

购物中心本身就是一个目的地。每位顾客每次到访购物中心，都是一次

"迷你旅程"。与通常简单地推送优惠券不同，购物中心应当对每一位顾客的"迷你旅程"进行设计，将各种活动融入其中，从而最大限度地提升他们的购物体验。购物中心需要在顾客光顾购物中心之前、期间和之后尽可能多地创建与顾客的接触点。这些接触点既包括网店、社交网络等线上渠道，也包括购物中心内形成的线下接触点，如服务中心、智能互动屏幕、娱乐设施或商家等。即使部分顾客尚未注册成为购物中心的会员，购物中心仍应尽可能通过这些接触点为他们提供个性化体验。例如，当一位顾客用完午餐后，购物中心可以推荐他去某家新开张的甜品店。当购物中心掌握了足够多的顾客信息后，可以尝试向顾客（例如一个三口之家）推荐一份精心设计的行程套餐，包含购物、美容服务、电影院和餐厅等，吸引顾客到购物中心休闲、购物。根据顾客的实际消费情况，购物中心可以不断改善他们的体验。例如，如果顾客已经购买了几双鞋子，那么智能推荐引擎就应该推荐下一种顾客可能感兴趣的商品。

（3）进行智能化的资源规划与管理。

购物中心要带给顾客上述的个性化体验，需要一个数字化综合资源规划系统作为基础。购物中心需要与商家合作，构建一个资源规划平台，并根据这些资源，为顾客提供"个性化旅程"服务。每个商家都可以遵循一定的规则在平台上发布自家的资源信息。例如，时装店可以向特定类型的顾客推荐定向的折扣或主题活动；餐馆和酒吧可以提供座位预订及特别套餐；影院和其他娱乐场所或设施可以提供未来若干场电影或活动的时间表，以及是否还有空位等信息。购物中心通过顾客的偏好，可以向他们推荐个性化的方案。这些方案最初可能只是购物中心的一厢情愿，但随着 AI 对顾客了解的不断加深，将很快变为制订计划时的得力助手。智能化的系统也可同时向商家反馈促销的效果，提供建议。有了这样一个智能平台，购物中心管理者将成功实现角色的转换，从一个传统的商场管理者，转变为顾客智能化体验的规划师和商家的促销顾问。

3. 新方案的探讨

长久以来，SAP 在助力商业地产商管理资产方面积累了丰富的经验。基于上文提到的设想，SAP 与一家初创企业进行了合作，这家企业面向零售行业提供优秀的线上线下顾客流量管理解决方案，以及可在购物中心使用的集成了面部识别功能的触摸屏等多款智能终端，通过购物中心与消费者丰富的接触点产生的大量数据，提升购物中心的经营水平和顾客的体验。

该初创企业一方面通过与国内领先的互联网平台合作，为购物中心带来了海量的外部流量；另一方面，通过智能导购屏幕等一系列硬件设施，在购物中心内创造了大量与顾客的接触点。在此基础上，SAP 的解决方案实现了以下 3 个方面的提升。

（1）实现了对顾客的全方位分析。

初创企业通过微信小程序等移动平台获取的顾客信息，可以与购物中心 SAP 系统的实际运营数据（包括交易信息等）集成，以实现对顾客的全方位分析，包括对市场活动和"个性化旅程"有效性的分析。

（2）实现了对资源的智能规划。

SAP 构建的智能平台，可以对商家提供的产品、服务和促销活动（包含这些资源的实时"库存"情况）进行管理，并整合为针对个人或群体的定制化方案。

（3）建立起对商家的绩效管理。

购物中心通过对营销活动、促销和运营数据的分析，形成可以与商家分享的深度洞见，帮助它们制订下一步营销计划和策略。

将双方的解决方案在 SAP 平台上整合后，我们根据以下场景开发了联合创新方案。

（1）帮助购物中心获取顾客全方位画像，以真正掌控客流。

我们将初创企业获取的顾客画像连接到购物中心的客户关系管理系统。

在征得顾客同意的情况下，建立两个数据系统的连接。征得同意有多种方式，通常是通过使用协议，或者通过一次性的授权，例如允许此次交易使用面部识别功能等。这样购物中心就可以获得顾客在购物中心之外的行为。对于非会员顾客，购物中心仍将为其建立个人资料库，通过与初创企业的系统相连接，即使不知道顾客是谁，也没有顾客的联系方式，购物中心仍可追踪他在购物中心的活动，这些活动可以添加到顾客的个人资料中。当该顾客注册为会员时，他过往在购物中心的消费信息等会存入其会员档案中，顾客也会从中受益。

（2）帮助购物中心为顾客打造个性化购物旅程。

首先，购物中心将 SAP 的资源规划系统开放给各商家，各商家可以利用该系统决定在各个购物中心内提供的推广信息和服务。此外，购物中心的管理人员可以基于这些推广和服务，针对不同顾客群体的需求设计出包括优惠券、行程等在内的完整套餐，通过初创企业的系统及社交媒体（如微信）推送给顾客。顾客可以通过在购物中心入口处设立的 IoT 设备（如智能导购屏）激活这些优惠券或其他促销活动，这样购物中心就会知道哪些顾客光顾了购物中心。进而，购物中心可以追踪这些顾客的行程，包括优惠券是否被激活及交易是否完成等情况。

（3）为购物中心进行合理的资源规划及商家协同。

购物中心将整合所有顾客信息和交易信息，以"旅程"为单位，分析顾客给购物中心及商家带来的收益。购物中心可以形成非常有价值的洞见，包括哪类促销对哪些顾客群体更有效，以及不同店铺的促销组合是否更具吸引力等。这样，购物中心就能开展更有针对性的促销或主题活动，为商家参与和策划活动提供更有价值的建议和指导。

图 11-2 总结了该联合创新方案对购物中心管理的改变，涉及掌控客流、定制消费旅程和资源规划 3 个关键场景。

房地产 行业	场景	现状	未来
工程与建造	掌控客流	出色的商家虽然会吸引客流，但购物中心未能够"真正掌控"这些客流。购物中心如果过于依赖商家，则可能在与商家的博弈中处于劣势。	购物中心需要借助遍布全国的网络和线上合作伙伴的"外部私有流量"，与商家形成共赢的关系。接下来，购物中心应将来自各渠道的客流，包括线上、线下、本地智能终端及外省市客流的数据综合起来，建立起全方位的顾客画像。
销售和市场营销	定制消费旅程	打折或发放优惠券是常用的促销手段。 但顾客对优惠券的形式已经习以为常。千篇一律的促销方式未必能带来良好的转化率，也不能提升顾客的体验。	将顾客的每一次到访都当作一次旅程来策划。购物中心应根据顾客的画像，为他们提供个性化的安排，包含购物、娱乐、餐饮乃至个人服务等一系列优惠套餐。购物中心还可根据顾客在商场内的行动轨迹和交易情况随时调整套餐内容。
运营	资源规划	购物中心通常会定期邀请商家参与各种促销或主题活动，拉动消费。 但未必所有商家都能有效地配合，购物中心在设计活动时，也未必能充分考虑到商家的资源和需求。	购物中心应与商家充分协同，共同打造符合彼此需求的促销或主题活动。通过整合资源信息，购物中心可打造有针对性的促销或主题活动，也可以将这些活动的效果反馈给商家，为商家的经营提供建设性的指导。

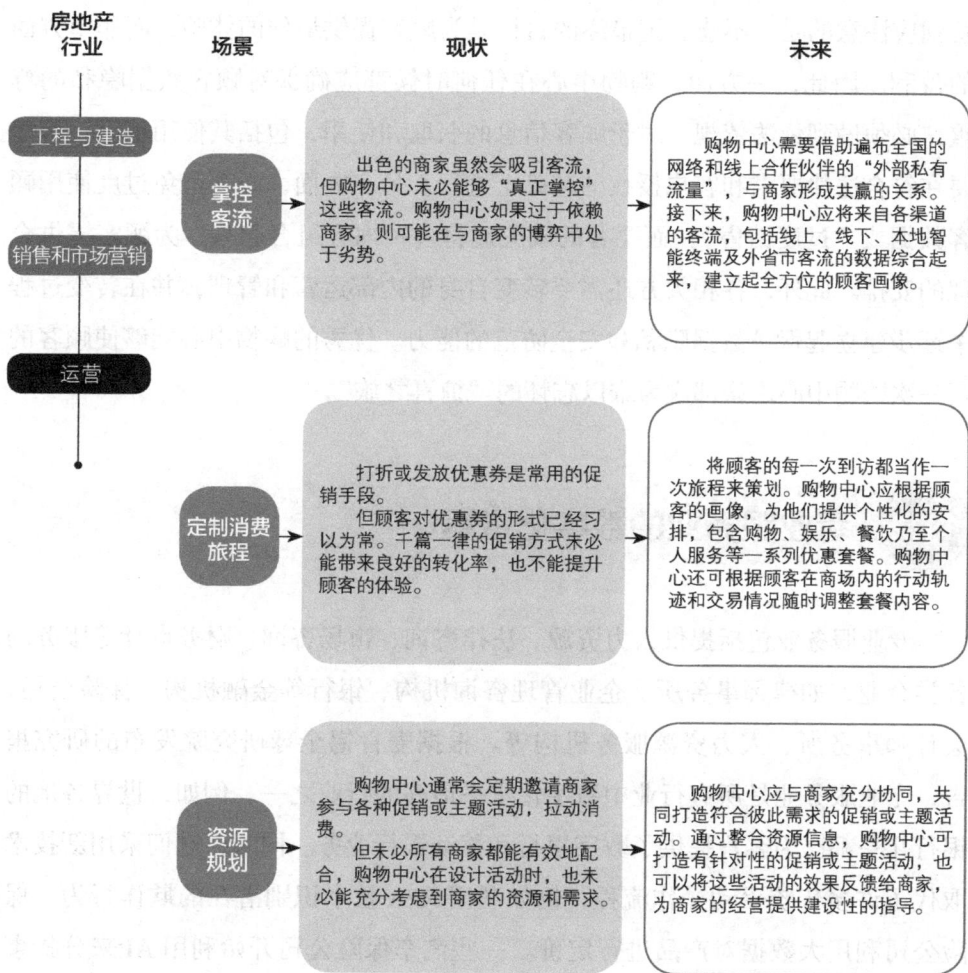

图 11-2 联合创新方案对购物中心管理的改变

4. 智慧购物中心消费体验的未来

购物中心的定位已经从一个商场转变为一个给顾客提供丰富内容的目的地。越来越多的购物中心正在借助数字技术，为顾客提供更好的体验。通过与商家和第三方科技公司的合作，购物中心在寻求最大限度地释放数据价值的方法，同时建立起一体化的业务流程，以更好地使用数据。在这个转变过程中，特别应注意的是，不能忘记最终的目标是为顾客提供最佳的体验，而非单方面的盈利。因此，一方面，购物中心在任何时候都应确保对顾客数据隐私的尊重，必须做到依法依规。对于顾客信息的获取和使用，包括其使用范围，都需要在符合法律要求和客户授权的基础上进行。另一方面，必须避免过度使用顾客数据或"过度销售"，而要有的放矢地将多种内容组合起来，为顾客提供合理的安排。此外，各相关方还需要转变自身的内部运营和管理，并在转变过程中逐步建立起保护数据隐私和安全防范的能力。优秀的购物中心能够使顾客的每一次购物中心之旅都成为难以忘怀的"惊喜之旅"。

11.2　专业服务业的数字化进程

专业服务业包括提供人力资源、法律咨询、市场咨询、财务审计等服务的各类企业，如律师事务所、企业管理咨询机构、银行等金融机构、保险公司、会计师事务所、人力资源服务机构等。根据麦肯锡全球研究院发布的研究报告，专业服务业是所有行业中数字化水平最高的行业之一。例如，世界各地的银行几乎都已为客户提供了数字银行和移动银行业务。同时，它们采用新技术取代了许多传统手动操作流程，例如利用 RPA 技术识别潜在的欺诈行为。保险公司利用大数据对产品进行定价。一些汽车保险公司开始利用 AI 来分析事故中车辆的受损情况，由此加速了理赔过程，同时也改善了客户体验。在人力资源行业中，招聘人员将 AI 应用于简历筛选及海选面试，以节省时间、提高筛选质量。

11.2.1　专业服务业产业链关键环节的数字化

专业服务业产业链关键环节如图 11-3 所示。

专业服务业

了解客户需求　　提供专业服务　　能力提升和知识

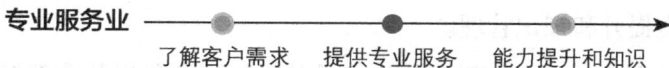

图 11-3　专业服务业产业链关键环节

大部分提供专业服务的企业在各自关注的领域都拥有丰富的行业知识和经验，在传统上，专业服务机构的竞争力来源于对相关行业及市场发展趋势的研究和洞察。创新科技的发展为专业服务机构带来了两个机遇：一方面，创新科技能够提升专业服务机构自身的能力，例如使用人工智能管理和归纳信息；另一方面，客户利用创新科技进行数字化转型的需求，为专业服务机构带来了新的商机。因此，积极地加大对科技的投入，加快数字化转型的步伐，以增强自身的竞争力，为客户提供高质量的专业服务，也成为专业服务业未来发展的重点。数字技术在专业服务业的应用可以归纳为以下 3 个方面。

（1）了解客户需求。

了解客户需求是所有专业服务提供商最为关注的环节。银行和保险公司广泛采用 AI 帮助客服人员更好地了解客户，AI 客服助手可以在客服人员与客户的对话中实时提供建议，一些较先进的 AI 客服助手甚至可以在没有人工干预的情况下直接处理客户提出的基本需求。而对一些较为复杂的需求，在 AI 处理的基础上加入专家的建议，能节省宝贵的专家资源，提升服务能力。

（2）提供专业服务。

从银行、财务到人力资源服务，几乎都存在着大量重复性工作，这些看似机械的工作，很多时候却是确保流程有序高效及合法合规的关键。这些工作涵盖范围非常广，从客户信息确认，到对求职简历排名，再到一系列的后台操作流程，如欺诈识别或费用报告异常检测等。这些工作十分繁重，并且依赖人工完成这些工作，难免会出现错误或引入人为因素。建立在机器学习、大数据、对话式 AI 等技术上的 RPA 为提升这些流程的效率和准确性奠定了技术基础。

（3）能力提升和知识管理。

专业服务企业的一个重要竞争优势是其对知识的积累及管理能力。知识管理是专业服务企业的一个重要职能。通常而言，知识管理具体指归纳和总结大量的案例并将它们分类保存，在有需要的时候提供给相关人员使用。这个过程是烦琐而缓慢的。使用大数据及 AI 的自学习技术，一方面能够加快知识积累的过程，另一方面，还能够帮助专业服务企业管理这些知识，提升它们的服务能力。例如，当 AI 处理了大量的疑似欺诈案件后，便能归纳总结出可能的欺诈规律。

下面分享 SAP 在专业服务领域与初创企业共同打造的两个创新案例。第一个案例聚焦人力资源领域，通过将初创企业提供的基于 AI 的面试解决方案与 SAP 提供的全生命周期人力资源管理系统进行结合，帮助人力资源部门利用不断优化的人才评估模型精准甄选出优秀的人才。第二个案例则面向经营汽车保险的公司，通过将初创企业提供的基于 AI 的车损评估技术与 SAP 的采购等管理系统结合，帮助保险公司不断优化理赔流程，实现内部管理流程的自动化，最终在大幅降低成本的同时，提供更加卓越的服务，提升风险管控的能力。

11.2.2　案例 20——利用 AI 选拔优秀人才

人才是企业的根本，是企业的核心竞争力。人才战略是企业发展战略的重要组成部分。企业与招聘人员、猎头共同投入大量的时间和资源来招募优秀的人才，推动公司的成长与发展。

但大量初级岗位的招聘往往占用了招聘人员的许多时间。目前，很多企业和招聘人员已经开始利用新技术加快大量初级岗位的招聘进程。较常见的应用是利用 AI 对简历进行筛选。AI 会对简历中的数据进行结构化处理，然后进行简单的过滤，迅速将那些不符合要求（如专业不匹配）的简历过滤掉。这种做法使用到的技术和功能相对简单，如果要进一步提升招聘效率，特别是面试环节的效率，则需要采用更加先进的技术。

1. 招聘工作面临的挑战

随着无线网络的广泛应用，视频面试作为一种重要的创新得到迅速普及。它大大简化了过往需要用人单位和应聘者花费大量时间和精力的面试流程。相关招聘软件可以支持视频、测试、电子白板，以及在线协作等多项功能。然而，在线面试并未解决招聘人员面临的所有挑战，而且产生了一些新问题。由于这种形式缺乏现场感，面试官很难对应聘者进行准确的评估，因而难以确保面试质量。在与招聘人员和用人经理深入讨论后，我们总结出当下招聘中存在的挑战。

（1）缺乏对岗位需求的了解。

招聘过程涉及多方参与者，包括用人经理、招聘人员，有时还包括猎头。对招聘人员和猎头而言，充分了解用人经理的目标和工作需求非常重要。要做到这一点，招聘人员必须花费大量时间与用人经理就岗位职责和需求进行充分的沟通，但许多情况下招聘人员身兼数职，分身乏术。对岗位职责和需求一知半解，导致难以招到合适的人选。

（2）评估标准不客观。

现代化的招聘系统和流程为招聘人员提供了标准化的简历，很多时候甚至还提供了标准化的打分卡。然而，招聘人员并不一定会严格遵循这些标准，个人偏好、招聘经验甚至招聘时的心情都会直接影响面试结果。采用在线面试会使这些问题变得更为突出，由于缺少面对面的接触，在线获取的信息有限，招聘人员可能会更多地掺杂主观感受对应聘者做出评判时可能会掺杂更多主观感受。

（3）难以提升招聘质量。

很多时候，招聘是一个单向的过程，尤其是相对初级的岗位的招聘。招聘人员将候选人交给用人经理做最终决定。如果入职后员工表现不佳，用人经理可能会向人力资源部门反馈。然而，要想分析出为什么会招到工作表现不佳的员工，甚至想系统性地提升招聘质量，并不是一件简单的事情。招聘质量仍然在很大程度上取决于招聘人员的能力，企业仍缺乏有效的方法来进一步提升招聘质量。

2. 观点分享——招聘流程的数字化、评估的标准化，将提升人才选拔的质量和效率

数字技术可以大幅提升人才选拔的质量和效率。这是各企业人力资源部门流程数字化转型中，最有望提升 ROI 的关键环节之一。除了上面提到的利用 AI 进行简历自动筛选和在线面试外，企业还可以在招聘流程的多个环节使用 AI 和 RPA 技术。这一方面可以减少人工作业，另一方面，也可以实现评估数据和流程的标准化，进而建立招聘效果的反馈体系，强化系统的自学习能力，进一步增强 AI 评估模型的精准度。具体而言，需要从以下两个方面提升人才选拔的质量和效率。

（1）评估标准化。

利用人力资源管理系统，公司和人力资源部门能够建立标准化的"职位族"管理模式，以及包含特定需求的职级，还可将这些信息转化为招聘人员可以参考使用的定量和定性的评估标准。面试过程中，除招聘人员自身的评估之外，还可以利用 AI 技术捕捉和分析面试视频。这不仅能收集招聘人员可能疏漏的所有细节，还能对评估结果进行纠正，以减少招聘过程中的无意识偏见。这一方面有助于弥补招聘人员经验不足的问题，另一方面也可以帮助公司建立起完备的人才数据库，不断提高人才质量。

（2）基于绩效的反馈。

人才招聘不仅是寻找和聘用合适的候选人，更重要的是，通过招聘中的充分评估确保录用的员工符合公司要求，实现预定的绩效。要做到这一点，企业

必须建立有效、系统性的反馈机制，定期了解新员工的表现，实现反馈过程的标准化，以更准确、更系统化的绩效，帮助招聘人员完善招聘策略。更进一步地讲，在未来的招聘中，反馈机制可以通过自我学习技术完善招聘标准，帮助招聘人员根据数字化的评估更准确地预测应聘者在未来工作中取得成功的可能性。

3．新方案的探讨

SAP 提供一整套人力资源云管理套件，帮助企业对人才进行全生命周期管理，涵盖招聘、培训、绩效、薪酬管理等核心功能。同时，解决方案融入了RPA 技术，帮助招聘人员提升效率，减少工作量。我们与一家提供基于 AI 的招聘解决方案的初创企业就建立智能人才招聘的闭环管理进行了深入的探讨。这家企业开发的 AI 面试系统，可以在面试过程中捕捉应聘者回答的内容和行为举止（例如肢体语言等），并将这些信息转化为结构化数据进行评估。

SAP 的人力资源云管理套件在初创企业提供的系统基础之上，在以下方面实现了性能的增强。

（1）建立起基于岗位的人才体系及招聘战略。

SAP 帮助企业客户根据不同部门的岗位职责和职级来管理企业的职位体系、岗位描述及岗位需求等。这种系统化的方式可以帮助招聘人员在初创企业开发的 AI 面试系统上设计出针对不同岗位的差异化指标评分系统，从岗位职责和职级两个维度对应聘者进行考察。根据职位体系，用人单位可通过数字化的招聘流程建立和完善同时满足职责和职级需求的人才模型，从而优化招聘工作的效率。

（2）建立基于绩效的评估体系。

SAP 的端到端人才管理系统可协助招聘人员追踪新入职员工的表现，进而协助用人单位调整招聘策略。根据新入职员工的职责和职级，企业可以在一定时间内评估他们的表现，并与招聘时的评估进行对比分析。招聘人员可以从中发现规律，例如对于特定岗位，哪些应聘者成功率较高，他们有哪些共同点，挑选应聘者时应重点考察哪些方面等。这样他们就可以调整面试考察的角度和重点，并且相应地对 AI 面试官进行调整以关注这些重点。

将双方的技术与解决方案进行融合后，我们基于以下场景研发出了联合创新方案。

（1）建立基于角色的评估标准。

首先，企业在人才管理系统中，根据岗位的职责和职级制定标准的岗位需求描述，将该需求转化为可以衡量的基于角色的评估标准，并发送给招聘人员和初创企业的 AI 面试系统。

（2）采用 AI 面试系统。

招聘人员根据 AI 面试系统的指引进行面试，AI 面试系统将协助记录整个面试过程。面试结束后，面试系统将根据预设的考察维度和评估范围提供参考分数。招聘人员也会独立给出自己的评估。系统将持续记录两种评估分数的差异，一方面，可以用来校准模型，另一方面，也可以作为判别是否存在主观判断的参考。例如，如果特定招聘人员给出的评分持续低于系统给出的分数或其他招聘人员的评分，那么招聘主管可以对他给出的最终分数进行微调。对于某些选拔标准相对简单的岗位，甚至可以由面试系统独立完成面试，这将为招聘人员节省大量时间。

（3）根据员工表现对招聘策略进行分析和调整。

新员工入职后，公司将对其 3 个月、6 个月或 1 年的表现进行分析。具体而言，是将员工的表现与其在招聘过程中的定量和定性得分及评估结果进行对比。通过线性回归等算法，招聘人员可以将那些与员工表现高度相关的因素筛选出来，在未来的面试中重点关注与这些因素相关的面试问题和评估标准。企业可以进一步建立"成功概率模型"，根据招聘人员和面试系统的评估结果，预测新员工的工作表现情况。随着样本数量的增多，预测准确度将越来越高。

图 11-4 总结了该联合创新方案如何助力企业高效选拔优秀人才，包括建立

基于角色的评估标准、采用 AI 面试系统及完善招聘策略 3 个关键场景。

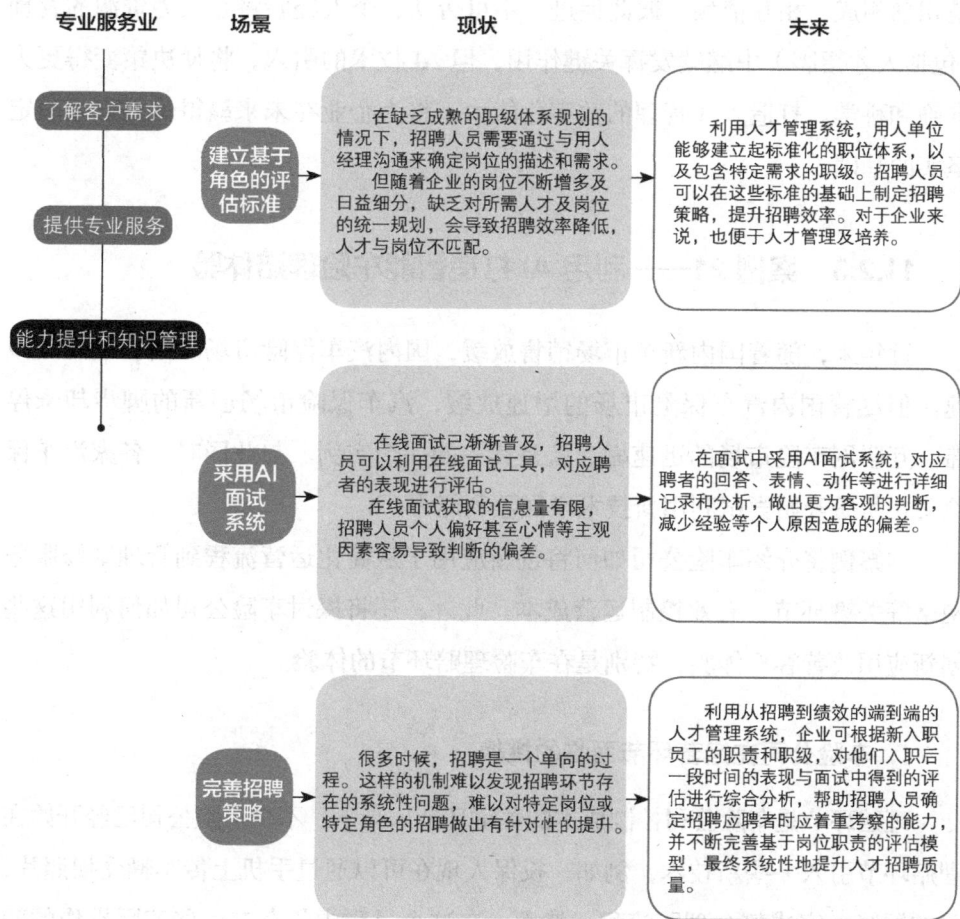

专业服务业	场景	现状	未来
了解客户需求	建立基于角色的评估标准	在缺乏成熟的职级体系规划的情况下，招聘人员需要通过与用人经理沟通来确定岗位的描述和需求。但随着企业的岗位不断增多及日益细分，缺乏对所需人才及岗位的统一规划，会导致招聘效率降低，人才与岗位不匹配。	利用人才管理系统，用人单位能够建立起标准化的职位体系，以及包含特定需求的职级。招聘人员可以在这些标准的基础上制定招聘策略，提升招聘效率。对于企业来说，也便于人才管理及培养。
提供专业服务 能力提升和知识管理	采用AI面试系统	在线面试已渐渐普及，招聘人员可以利用在线面试工具，对应聘者的表现进行评估。在线面试获取的信息量有限，招聘人员个人偏好甚至心情等主观因素容易导致判断的偏差。	在面试中采用AI面试系统，对应聘者的回答、表情、动作等进行详细记录和分析，做出更为客观的判断，减少经验等个人原因造成的偏差。
	完善招聘策略	很多时候，招聘是一个单向的过程。这样的机制难以发现招聘环节存在的系统性问题，难以对特定岗位或特定角色的招聘做出有针对性的提升。	利用从招聘到绩效的端到端的人才管理系统，企业可根据新入职员工的职责和职级，对他们入职后一段时间的表现与面试中得到的评估进行综合分析，帮助招聘人员确定招聘应聘者时应着重考察的能力，并不断完善基于岗位职责的评估模型，最终系统性地提升人才招聘质量。

图 11-4 联合创新方案助力企业高效选拔优秀人才

4. AI在人才招聘中的未来

AI 技术已广泛运用于包括人才招聘在内的人力资源管理的各个流程中。随着 AI 会话能力的日益成熟，我们期待看到 AI 扮演更多的角色，如完全代替招聘人员进行初级岗位的海选面试等。更重要的是，数字技术将极大改变人才管理的理念，使得从人才聘用到绩效管理的整个人才管理周期不再各自为政，而是相辅相成、相互依赖、彼此促进。不可否认，个人经验将在人力资源的管理（包括人才招聘）中继续发挥关键作用，但 AI 技术的引入，将使决策变得更为准确和科学。打造人才管理的数字化能力，将为企业在未来赢得优秀人才奠定坚实的基础。

11.2.3　案例 21——利用 AI 打造智能车险理赔体验

近年来，随着国内新车市场销售放缓，国内汽车保险市场的增长也随之减速。但尽管国内汽车保险市场的增速放缓，汽车保险市场创新的脚步却未停滞。互联网车险市场的迅速崛起就是其中的一个实例。与此同时，各家汽车保险公司纷纷开始尝试利用新技术增强盈利能力。

本案例将介绍车险公司如何将创新应用于从简化运营流程到管理维修服务网络等关键环节，有效控制运营成本。此外，还将探讨车险公司如何利用这些创新应用改善客户体验，特别是在车险理赔环节的体验。

1．车险公司在运营环节面临的挑战

理赔环节是车险公司控制成本的关键环节。当下，不少车险公司已经开始在理赔环节引入一些新技术，例如，投保人现在可以通过手机上传车辆受损照片，并在网络上完成整个理赔流程。然而，在这个过程中仍存在一些实际操作的问题。另外，这些新兴的网上理赔方式也带来了一些新挑战，表现在如下几方面。

（1）车损评估。

目前大部分车辆损伤的评估仍依靠车险定损员的经验来完成。尽管网上理赔方式有助于缩短评估过程，但也会影响车损评估工作的准确性。相对于现场评估，网上理赔方式对车险定损员的经验要求更高，因为现在他们只能凭图片来判断车辆的损伤程度。此外，采用远程车损评估还可能诱发更多的车险诈骗

案件，这会给保险公司带来更大的损失。在通过远程车损评估减少运营成本的同时，车险公司需要借助有效的手段确保赔付成本不会被过高预估。

（2）维修服务网络。

针对维修服务网络，保险公司需要关注两个方面的问题：其一，对维修服务网络质量和成本的有效管控；其二，为车险客户带来良好的体验。一般来说，保险公司希望有更多的维修服务商加入它们的网络，但同时，这也会提升它们管理维修服务网络的复杂程度和管理成本。

（3）理赔流程中的大量手动操作。

远程车损评估虽然简化了工作流程，但并未减少后台烦琐的手动流程和文书工作。实际上，大部分交通事故都属于轻微事故，且很相似。以往车险公司投入了大量资源来处理这些大同小异的事故。

2. 观点分享——业务流程和维修服务网络的数字化转型，将帮助车险公司实现降本增效

提升车险公司盈利水平的关键在于：提升运营效率，降低运营成本；增强差异化竞争优势。数字化转型可以帮助车险公司达成这两个目标。车险公司可以利用统一的数字平台来简化业务流程。业务流程和维修服务网络的数字化转型主要包括以下两个方面。

（1）在车损评估中应用 AI 模型。

基于车辆的基本信息，如品牌、年份、型号及损伤图片，车险公司可使用 AI 模型来分析车损情况。对于理赔中占比最大的轻微事故，可建立"快速理赔流程"，以最大限度减少处理此类问题的工作量。如果需要对事故进行进一步的综合评估，AI 模型可以将初步评估结果转发给专业人员进行修正和确认。系统将根据专业人员的反馈和意见，利用自主学习能力，不断提升 AI 模型的准确性。

（2）打造便捷的理赔和维修服务体验。

优秀的车险公司几乎都会致力于为投保人打造无缝、便捷的理赔和维修服务体验。一方面，投保人可立刻获得保险公司的报价和预先核准，并预约维修，无须像过去一样办理烦琐的理赔手续。而保险公司将直接处理所有相关费用，投保人无须垫付车辆维修费用或与汽修厂交涉。对投保人来说，这将是一次真正无忧的体验，他们会很乐意为这样简便的出险流程支付保费。另一方面，对加盟维修服务网络的汽修厂来说，如果它们能够通过保险公司获得更多的客源，它们也将更加乐意加盟，并提供更优惠的价格。

3．新方案的探讨

SAP 与许多全球领先的保险公司展开了合作，重塑客户互动体验，优化服务成本。在这个过程中，我们与这些保险公司，包括汽车保险公司，针对如何利用数字技术推动它们的业务模式创新进行了深入的探讨。在本案例中，SAP 与一家专门提供基于 AI 的自动车损评估解决方案的公司展开了合作。利用该公司研发的移动解决方案，汽车保险公司可以对车损情况进行分析并预估维修成本。在此基础上，我们进一步推动了汽车保险公司的业务模式创新。

我们帮助保险公司将手机 App 收集的车损图像和其他信息整合后转化为一个"服务包"。通过这种方式，保险公司可以将成千上万的理赔服务包归类，从而更为清晰地评估应为投保人提供哪些服务，以及产生的成本等。保险公司还可以基于这些信息对客户群进行更细致的分类，在以往简单的无索赔折扣（No Claim Discount，NCD）基础上进一步提供个性化的定价。

传统模式下，保险公司与授权维修商之间的关系相当松散。在新模式下，汽车保险公司将根据服务包的类别、车辆类型、车主位置等信息，按照一定的条件过滤出优选维修商，并将服务包分发给这些维修商进行询价和确认。同时，汽车保险公司将监督维修服务的执行和反馈，并处理保险公司和维修商之间的交易。这样，保险公司实际上成为一站式维修服务平台，对维修商而言，保险公司也成为其重要的客户来源，这将激励维修商提供更好的服务，从而形成良性循环。

在将双方的技术和解决方案结合后，我们基于以下场景提出了联合创新方案。

（1）车损评估。

如果发生交通事故，投保人可以使用手机 App 对受损车辆进行拍照，连同其他必要信息发送给保险公司。保险公司将利用 AI 技术分析这些信息，以判定该事故应按照"快件"还是"复杂"类别进行处理。在大多数情况下，投保人将在几分钟内收到确认书，并可即刻离开事故现场。

（2）维修流程。

维修流程有 3 个步骤。首先是对维修服务的采购和报价。利用手机 App 收集的信息将被转化为服务包，并通过 SAP 智能采购系统（SAP Ariba）发送到维修服务网络，网络中的各维修商将进行报价。维修商可以提供自家的标准维修价格，当然也可以给出特定的维修报价。保险公司可以制定规则，例如，将性价比最佳的前 3 家维修商信息发送给投保人挑选。这个过程可以最大限度地消除人为干预，有效杜绝内部欺诈案件的发生。根据服务包内维修项目的多少，以及保险公司处理速度的快慢，这个过程花费的时间会存在一定差异。

然后是维修服务的预约。投保人接收到可选的维修服务后，可以立即根据时间、地点和评价来选定维修商。他们无须了解维修所需的费用，除非其中涉及免赔金额。投保人只需做出选择，相关的维修服务将通过保险公司的系统发送给服务提供商进行预约，并在确认后返回给投保人。

最后是服务交付和确认。现在，投保人可以将车辆送去维修。在维修完成后，维修商会告知保险公司，保险公司会将消息转发给投保人，投保人将对维修服务进行确认和打分。一旦得到投保人的确认，保险公司将与维修商在后台完成结算、开具发票等操作。投保人无须提供额外的书面文件就可提车离开。

（3）成本控制。

保险公司在上述整个流程中，可以积累大量的数据，以对投保人及维修服务网络进行透明而精确的分析，这一方面有助于保险公司掌握每一位投保人的记录，包括理赔金额，另一方面有助于保险公司掌握每一个维修商所产生的成本。

图 11-5 总结了该联合创新方案如何助力车险公司提升理赔效率和体验，涉及车损评估、维修流程及成本控制 3 个关键场景。

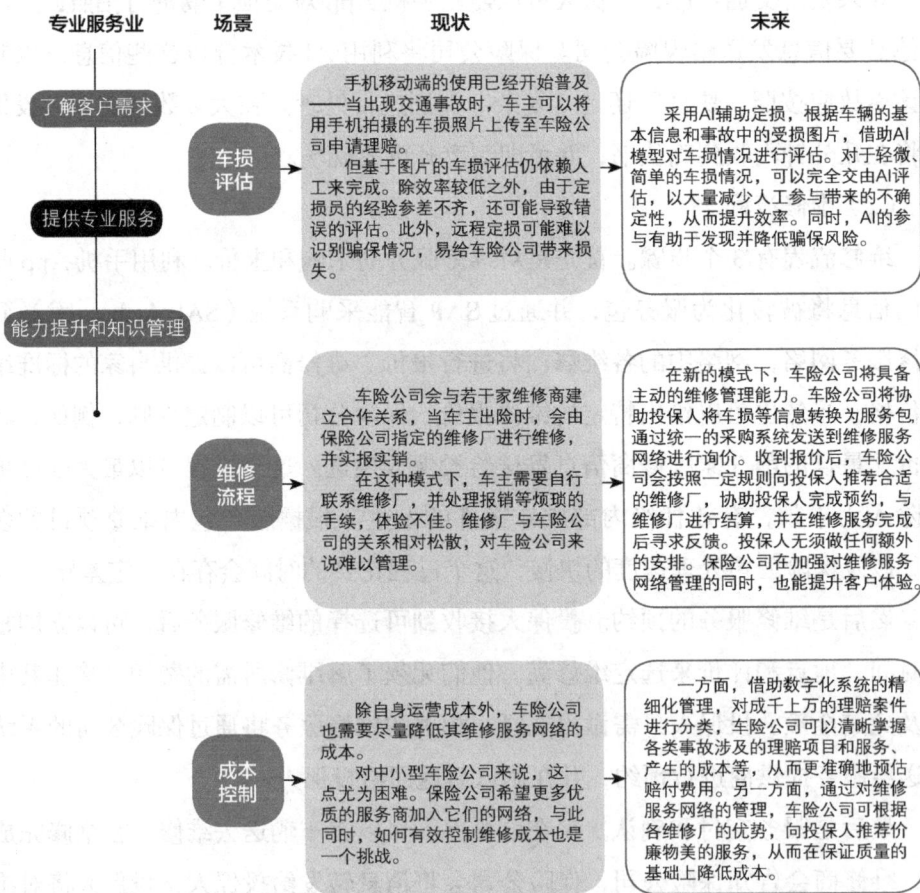

图 11-5　联合创新方案助力车险公司提升理赔效率和体验

4. 智慧车险的未来

与人寿保险相比，汽车保险在我国的渗透率还比较低，未来还有很大的发展空间。上述案例只是从一个侧面展示了如何利用 AI 和数字技术推动车险行业的变革，通过为客户提供更好的体验，提高运营效率，最终提升盈利能力。在这个案例中，服务包将有助于保险公司更好地了解自家的成本结构和客户细分。此外，借助 SAP 智能采购系统来管理服务提供商，保险公司可以为服务提供商推送更多的业务，更快地完成结算、开具发票等操作，并由此轻松扩展自身的服务网络，在业务上转型为服务平台。对维修厂而言，服务评价体系一开始看上去充满挑战，但从长远看，这个体系最终会使优质的维修厂获得更多的订单。另外，减少和消除人工操作引入的问题不仅可以提高效率，而且可以有效规避操作流程中可能出现的欺诈风险。